당신은
구원받았습니까?

Yes   **No**

권영구 지음

기적

Biblical Doctrine of Salvation

당신은
구원받았습니까?

지은이 권영구

초판 발행 2025년 3월 13일

펴낸 곳 기적

등록번호 제390-2023-000032호

주소 경기도 광명시 하안로 60 광명테크노파크 E동 E1015호

전화번호 010-5950-4109

FAX 02) 899-9189

홈페이지 www.cross9191.com / www.52ch.kr

구입문의 010-5950-4109, 02) 2615-0019

ISBN 979-11-987239-4-9(93230)

값 10,000 원

당신은
구원받았습니까?

Yes　　　No

머리말

최근 들어 구원론을 성경적으로 기록하여 성도들에게 교육해야 할 필요성을 느꼈다. 많은 분이 잘못된 구원론을 전하여 수많은 성도가 이단에 빠져 잘못된 신앙생활을 하고 있기 때문이다. 이런 일을 최대한 방지하려면 성경적 구원론을 정확하게 교육해야 한다고 생각한다.

구원론에 대해서는 많은 학설이 있다. 하지만 구원론을 잘못 전하면 첫째는 하나님께 죄가 되고, 둘째는 자신뿐 아니라 많은 사람을 구원받지 못하게 하므로 더 큰 죄를 범하게 된다. 셋째는 많은 비판을 받게 된다. 그래서 더욱 조심스럽다.

나는 그동안 장로교회의 칼빈 구원론을 믿었고 가르쳤다. 하지만 예정론을 믿는 사람들이 자신은 구원받았다고 확신하면서 바리새인과 같은 죄를 범하는 것을 보게 되었다. 그들에게 말해도 보았지만 받아들이지 않았다. 신학교에서 배운 것만 믿을 뿐, 성경을 연구하여 성경에서 제시하는 구원에 관한 다른 말씀이 있다는 것을 받아들이지 않았다. 그래서 그동안 성경을 읽으며 연구한 것을 기록으로 남겨야겠다고 생각했다. 사람들이 읽고 이것이 옳다고 생각하면 믿고 성경의 말씀대로 행하여 구원받은 사람이 많아지기를 바라는 것이다.

나는 하나님의 은혜로 개척할 때부터 매일 성경 한 장씩, 주석을 보며 연구하여 새벽에 설교하였다. 그렇게 41년을 했더니 성경 전체를 10번 전하게 되었다. 그 결과 성경의 내용과 흐름 전체가 보이고, 하나님이 원하시는 사람의 모습이 보이고, 하나님의 마음이 이해가 되고, 어떻게 살아야 구원받는지가 보인다.

그래서 성도들에게 많은 설교를 하며 가르쳤고, 이제 더 많은 사람이 하나님의 뜻을 깨달아 하나님의 뜻을 이루어 드리고 구원받는 분들이 되기를 기대하면서 이 책을 쓴다.

안타까운 것은 구원파의 구원론이 잘못되었다고 말하는 사람이, 자신은 한 번 구원은 영원한 구원이라고 믿으면서 수많은 죄를 범하고, 하나님의 이름과 교회를 욕되게 하고도 죄를 모르고 회개치 않고 안하무인(眼下無人)격으로 행동한다는 것이다.

어떤 사람은 성령론을 잘못 해석하여 많은 사람을 미혹하거나 죄짓게 하여 자신도 영벌 받고 따르는 사람도 영벌 받게 한다. 이러한 오류를 깨달아 돌이키기를 바란다.

  완벽한 구원론은 성경 안에 있다. 구약과 신약이 동일한 구원론을 말씀하고 있다. 하나님은 변함이 없으신 분이다. 그런데 사람들이 성경을 잘못 해석하여 신구약 구원론을 다르게 말하고 있다.

  이 책을 읽고 나면 많은 사람이 '구원이 무엇인가'를 쉽게 이해하게 될 것이다. 그리고 바르게 신앙생활하여 구원도 받고 하늘에서 상도 받고 땅에서 복도 받을 것이다.

  어떤 사람은 비난할 수도 있다. 그들이 가지고 있는 고정된 구원관과 다르기 때문이다. 그들은 신학교에서 배운 것밖에 모르고 그와 관련된 성경 구절만 읽었기 때문이다. 조금만 더 깊게 성경을 연구하고 성경 전체를 보는 눈이 생기면 바른 구원관이 생길 것이다.

  이 책이 구원받기를 원하는 많은 영혼들에게 도움이 되고 바른 구원으로 인도하는 길이 되었으면 한다. 그리고 하나님이 기뻐하시고 하나님께 영광이 되기를 바라는 심정이다.

  책이 출간되도록 교정을 도와주신 박영선 권사와 편집을 위해 수고한 권은영 집사와 권은선 집사에게도 고마움을 전한다.

2024년 12월 10일

영흥도에서 권영구

CONTENTS

01

구원의 정의

> **구원(국어사전)** : 인류를 고통과 죄악과 죽음에서 구하는 일.
> **기독교 구원** : 사탄의 세력과 죄로 인한 멸망에서 구해내서 영생을 주어
> 천국에서 영원히 살게 하는 것.

사람은 잉태될 때부터 죄 가운데 잉태하여 죄 가운데 살다가 죗값으로 죽어 영벌 받는 곳으로 간다.

(시 51:5) "내가 죄악 중에서 출생하였음이여 어머니가 죄 중에서 나를 잉태하였나이다"

구원을 이해하려면 구원 못 받는 원인이 무엇인가를 이해해야 한다. 사람이 구원받지 못하는 이유는 죄를 범하여 죗값으로 영벌을 받는 것이기 때문이다.

성경에서 죄는 창조주 하나님께서 우주 질서를 세우기 위해 만든 법을 사람들이 어기는 것을 말한다.

1. 사람에게는 원죄와 조상의 죄와 자신이 짓는 죄가 있다

1) 원죄는 아담이 지은 죄다. 그 죗값으로 죽게 되었다

하나님은 사람보다 먼저 천사를 창조하셨다. 그런데 천사 중 한 무

리가 하나님의 말씀을 어기고 반역을 일으켰다. 그래서 천군들을 보내어 하늘에서 내쫓고 지옥으로 보내셨다.

그 후 사람을 창조하실 때, 사람이 창조주 하나님께 순종하기를 바라셨다. 그래서 에덴동산에 사람이 살기 좋은 환경을 만드시고 영생하도록 하셨다.

그리고 한 가지 언약을 하셨다. '한 가지 법만 지켜라. 생명나무와 선악을 알게 하는 나무가 있는데, 생명나무 열매를 따 먹으면 죽지 않고 영생을 얻는다. 그러나 선악을 알게 하는 나무의 열매는 먹지 말라. 먹으면 너는 죽게 된다. 이 한 가지만 순종해라. 그러면 영원히 살게 될 것이다.'라고 하셨다.

하나님의 말씀은 곧 법이고 언약이다.

(창 2:17) "선악을 알게 하는 나무의 열매는 먹지 말라 네가 먹는 날에는 반드시 죽으리라 하시니라"

그러나 마귀는 거짓말로 하와의 마음속에 하나님처럼 될 수 있다는 욕심이 생기게 하여 선악과를 먹게 하였다.

(창 3:3-4) "[3] 동산 중앙에 있는 나무의 열매는 하나님의 말씀에 너희는 먹지도 말고 만지지도 말라 너희가 죽을까 하노라 하셨느니라 [4] 뱀이 여자에게 이르되 너희가 결코 죽지 아니하리라"

하와는 마귀의 유혹을 이기지 못하고 선악과를 먹었고, 남편인 아담에게도 주어 먹게 하였다. 두 사람은 하나님의 말씀에 불순종하였다. 하나님의 말씀이 아닌 마귀의 말을 믿었고 불순종의 죄를 지어, 그 결과 에덴동산에서 쫓겨나고 죽게 되었다.

이렇게 아담 한 사람으로 인해 모든 후손에게 죄가 들어왔다. 이것을 원죄라고 한다. 로마서에서 다음과 같이 말한다.

(롬 5:12) "그러므로 한 사람으로 말미암아 죄가 세상에 들어오고 죄로 말미암아 사망이 들어왔나니 이와 같이 모든 사람이 죄를 지었으므로 사망이 모든 사람에게 이르렀느니라"

아담 이후로 태어나는 사람은 아담과 같은 죄를 범하지 않았어도 죽으리라 한 사망의 법이 적용된다는 말씀이다.

(롬 5:14) "그러나 아담으로부터 모세까지 아담의 범죄와 같은 죄를 짓지 아니한 자들까지도 사망이 왕 노릇 하였나니 아담은 오실 자의 모형이라"

2) 조상이 지은 죄는 자신의 부모와 조부모가 지은 죄다

조상이 지은 죄도 그 후손이 받는다고 말씀하신다. 하나님의 말씀은 우주의 법칙이다. 이것을 무시하면 창조주 하나님께 도전하는 죄를 짓는 것이다.

(레 26:39) "너희 남은 자가 너희의 원수들의 땅에서 자기의 죄로 말미암아 쇠잔하며 그 조상의 죄로 말미암아 그 조상 같이 쇠잔하리라"

하나님께서 직접 쓰신 십계명에도 조상의 죄가 삼 사대까지 내려간다고 말씀하신다.

(출 20:5) "그것들에게 절하지 말며 그것들을 섬기지 말라 나 네 하나님 여호와는 질투하는 하나님인즉 나를 미워하는 자의 죄를 갚되 아버지로부터 아들에게로 삼사 대까지 이르게 하거니와"

그러므로 자신의 죄가 자녀에게 내려간다는 하나님의 말씀을 알게 되었으면, 죄를 짓지 말고 의를 행하고 복 받는 행동을 하여 천

대까지 그 은혜가 내려가도록 해야 한다.

이것은 현재 자신은 죄를 짓지 않았어도 부모와 조상이 우상을 숭배하고 이웃에게 악을 행하며 죄를 지었다면, 그 죗값을 지금 받고 있다는 의미도 된다. 그러니 조상의 죄까지도 회개해야 한다. 그리고 죗값이 얼마나 무서운 것인지를 깨달아 이제부터라도 의를 행하며 복 받을 일을 행하면, 벌이 빨리 끝나고 복이 내려질 것이다.

이 말씀이 적용된 대표적인 인물이 사울 왕과 다윗 왕이다.

사울 왕은 하나님께 두 번 불순종하여 자신과 자녀들까지 저주를 받았다.

다윗 왕은 죄를 짓고 지적을 받았을 때 즉시 회개하며 하나님 말씀에 철저하게 순종함으로써 자녀들에게 대대로 왕권이 내려가게 되었고, 만왕의 왕이신 예수님이 그 후손으로 족보에 들어가는 은혜를 받았다.

3) 자신이 지은 죄는 자신이 살면서 지은 죄다

모든 사람은 죄를 짓고 살고 있다. 죄를 크게 나누면 다음과 같다.

첫째는 하나님을 믿지 않고 불신하는 죄이다.

둘째는 다른 신이나 우상을 섬기는 죄이다. 사람들의 우상은 다른 가짜 신상, 자신, 욕심, 세상의 권력, 재물, 남편이나 아내, 부모나 자녀 등 많이 있다.

셋째는 가족과 이웃에게 악을 행하고 사는 죄이다. 불효, 자기 의무 불이행, 용서하지 않음, 미움, 분쟁, 다툼, 분노, 신경질, 싸움, 거짓말, 사기, 도둑질, 속이는 것, 여행 다니고 자기 쓸 것은 다 쓰면서 이웃에게 빌린 돈은 갚지 않는 것, 모함, 이간질, 뒷담화, 이기심, 살

인, 간음, 음행, 성적인 죄, 탐욕, 게으름, 악한 말, 악한 마음 등 수도
없이 많다.

모든 사람은 자기 죄 때문에 살아서도 벌을 받고 죽어서도 벌을 받
는다.

(애 3:39) "살아 있는 사람은 자기 죄들 때문에 벌을 받나니 어찌 원망하랴"

(렘 31:30) "신 포도를 먹는 자마다 그의 이가 신 것 같이 누구나 자기의
죄악으로 말미암아 죽으리라"

2. 죄의 값은 사망이다

아담 때부터 죗값은 사망이라고 말씀하셨다.

(창 2:17) "네가 먹는 날에는 반드시 죽으리라 하시니라"

아담의 원죄와 조상이 지은 죄와 자신이 지은 죄의 값은 사망이다.
그리고 하나님께 사망 선고받은 사람이 가는 곳은 지옥이다.

(롬 6:23) "죄의 삯은 사망이요 하나님의 은사는 그리스도 예수 우리 주 안
에 있는 영생이니라"

3. 하나님의 은혜로 구원받는다

이렇게 죄 때문에 육신이 죽고 둘째 사망인 영벌을 받아 지옥까지
가게 되는데, 구원은 하나님의 은혜로 죄 사함 받아 죄에서 구원받고
영생까지 얻어 천국에 들어가 하나님과 영원히 사는 은혜를 받는 것
이다.

그러므로 사람에게 가장 중요한 것이 구원받는 일이다. 사람들이 이
것을 알지 못하고 세상에서 성공하는 것이 제일인 줄 알고 악을 행하

면서 성공하려고 하다가 영벌 받아 지옥에 간다.

헤롯 왕은 왕이었지만 창자가 썩는 병으로 고통받다가 지옥으로 갔다. 왕이 되지 않고 평민으로 살다가 하나님 믿고 죄 사함 받아 천국에 가는 것이 지혜롭게 산 것이다. 그러나 헤롯은 왕권에 취하여 예수님 말씀을 믿지 않고 오히려 죽였다. 그러니 미련한 사람이 된 것이다.

(마 16:26) "사람이 만일 온 천하를 얻고도 제 목숨을 잃으면 무엇이 유익하리요 사람이 무엇을 주고 제 목숨과 바꾸겠느냐"

02
사람들의 죄

1. 하나님을 믿지 않는 것이 죄다

(창 1:1) "태초에 하나님이 천지를 창조하시니라"

(창 1:21) "하나님이 큰 바다 짐승들과 물에서 번성하여 움직이는 모든 생물을 그 종류대로, 날개 있는 모든 새를 그 종류대로 창조하시니 하나님이 보시기에 좋았더라"

(창 1:27) "하나님이 자기 형상 곧 하나님의 형상대로 사람을 창조하시되 남자와 여자를 창조하시고"

(사 45:18) "대저 여호와께서 이같이 말씀하시되 하늘을 창조하신 이 그는 하나님이시니 그가 땅을 지으시고 그것을 만드셨으며 그것을 견고하게 하시되 혼돈하게 창조하지 아니하시고 사람이 거주하게 그것을 지으셨으니 나는 여호와라 나 외에 다른 이가 없느니라"

하나님은 우주를 창조하신 분이고, 사람은 그 창조물 중의 하나인 피조물이다. 하나님과 사람은 비교할 대상이 아니다. 하늘과 땅 차이라고 해도 부족하다. 사람이 아무리 지혜로워도 하나님의 미련한 것에 미치지 못한다.

그런데 사람이 지식이 좀 있다고 하나님이 없다고 부인하거나 심지어 하나님을 비난한다. 이것은 마귀의 교만함이 그 사람에게 들어가서 하는 말이다. 그런 사람도 결국 죽어 지옥에 가면서 자신이 얼마나 잘못 생각했는지를 알고 피눈물을 흘리며 후회할 것이다.

죄 중에서 가장 큰 죄가 피조물이 창조주 하나님을 믿지 않는 죄이다. 피조물이 창조주를 믿지 않으면 쓸모없는 폐기물일 뿐이다. 폐기 처분해야 할 대상이다. 그 장소가 꺼지지 않는 지옥불이다.

솔로몬 왕이 한 말씀이다.

(전 12:1) "너는 청년의 때에 너의 창조주를 기억하라 곧 곤고한 날이 이르기 전에, 나는 아무 낙이 없다고 할 해들이 가깝기 전에"

이같이 사람의 가장 큰 죄는 창조주를 믿지 않는 죄이다.

(신 1:32) "이 일에 너희가 너희의 하나님 여호와를 믿지 아니하였도다"

(시 78:22) "이는 하나님을 믿지 아니하며 그의 구원을 의지하지 아니한 때문이로다"

(요 8:45) "내가 진리를 말하므로 너희가 나를 믿지 아니하는도다"

(요 16:9) "죄에 대하여라 함은 그들이 나를 믿지 아니함이요"

2. 창조주의 말씀을 믿지 않고 불순종하는 것이 죄다

사람이 창조주 하나님의 말씀을 믿고 순종하면 행복하게 산다. 그런데 교만해져서 하나님의 말씀을 믿지 않고 불순종하여 죄를 짓고 저주를 받는 것이다.

(신 28:15-19) "[15] 네가 만일 네 하나님 여호와의 말씀을 순종하지 아니하여 내가 오늘 네게 명령하는 그의 모든 명령과 규례를 지켜 행하지 아니하면 이 모든 저주가 네게 임하며 네게 이를 것이니

[16] 네가 성읍에서도 저주를 받으며 들에서도 저주를 받을 것이요

[17] 또 네 광주리와 떡 반죽 그릇이 저주를 받을 것이요

[18] 네 몸의 소생과 네 토지의 소산과 네 소와 양의 새끼가 저주를 받을 것이며

[19] 네가 들어와도 저주를 받고 나가도 저주를 받으리라"

3. 언약의 십계명을 지키지 않는 것이 죄다

십계명은 하나님께서 이스라엘 백성과 맺은 언약이다. 이스라엘 백성과 맺은 언약이니 우리와는 관계없다고 생각하지 말라. 또 율법은 지나갔고 지금은 은혜의 시대라고 말하지 말라.

십계명은 하나님이 사람에게 주신 언약의 말씀이다. 어떤 민족이든 십계명의 뜻을 깨닫고 지키면 하나님의 언약대로 복을 받는다.

예수님이 말씀하셨다.

(마 5:17-18) "[17] 내가 율법이나 선지자를 폐하러 온 줄로 생각하지 말라 폐하러 온 것이 아니요 완전하게 하려 함이라 [18] 진실로 너희에게 이르노니 천지가 없어지기 전에는 율법의 일점 일획도 결코 없어지지 아니하고 다 이루리라"

(마 24:35) "천지는 없어질지언정 내 말은 없어지지 아니하리라"

현재도 하나님의 계명은 살아 있다. 그런데 현대의 교회들이 십계명을 어기는 죄를 범하고 있다. 교회나 성도가 십계명을 지키지 않으면 명백히 죄를 범하는 것이다. 이런 죄를 짓지 않기를 바란다.

십계명은 하나님이 모세를 통하여 하나님의 백성에게 주신 언약의 말씀이며, 누구든지 이 언약의 말씀을 하나님의 말씀으로 믿고 지키

면 구원받는다.

(출 34:28) "모세가 여호와와 함께 사십 일 사십 야를 거기 있으면서 떡도 먹지 아니하였고 물도 마시지 아니하였으며 여호와께서는 언약의 말씀 곧 십계명을 그 판들에 기록하셨더라"

(레 26:15-18) "[15] 내 규례를 멸시하며 마음에 내 법도를 싫어하여 내 모든 계명을 준행하지 아니하며 내 언약을 배반할진대

[16] 내가 이같이 너희에게 행하리니 곧 내가 너희에게 놀라운 재앙을 내려 폐병과 열병으로 눈이 어둡고 생명이 쇠약하게 할 것이요 너희가 파종한 것은 헛되리니 너희의 대적이 그것을 먹을 것임이며

[17] 내가 너희를 치리니 너희가 너희의 대적에게 패할 것이요 너희를 미워하는 자가 너희를 다스릴 것이며 너희는 쫓는 자가 없어도 도망하리라

[18] 또 만일 너희가 그렇게까지 되어도 내게 청종하지 아니하면 너희의 죄로 말미암아 내가 너희를 일곱 배나 더 징벌하리라"

(신 5:2) "우리 하나님 여호와께서 호렙 산에서 우리와 언약을 세우셨나니"

(신 5:3) "이 언약은 여호와께서 우리 조상들과 세우신 것이 아니요 오늘 여기 살아 있는 우리 곧 우리와 세우신 것이라"

(신 9:11) "사십 주 사십 야를 지난 후에 여호와께서 내게 돌판 곧 언약의 두 돌판을 주시고"

(신 29:9) "그런즉 너희는 이 언약의 말씀을 지켜 행하라 그리하면 너희가 하는 모든 일이 형통하리라"

『**언약의 계명**』

(신 5:1-22) "[1] 모세가 온 이스라엘을 불러 그들에게 이르되 이스라엘아 오늘 내가 너희의 귀에 말하는 규례와 법도를 듣고 그것을 배우며 지켜 행하라

[2] 우리 하나님 여호와께서 호렙 산에서 우리와 언약을 세우셨나니

[3] 이 언약은 여호와께서 우리 조상들과 세우신 것이 아니요 오늘 여기 살아 있는 우리 곧 우리와 세우신 것이라

[4] 여호와께서 산 위 불 가운데에서 너희와 대면하여 말씀하시매

[5] 그 때에 너희가 불을 두려워하여 산에 오르지 못하므로 내가 여호와와 너희 중간에 서서 여호와의 말씀을 너희에게 전하였노라 여호와께서 이르시되

[6] 나는 너를 애굽 땅, 종 되었던 집에서 인도하여 낸 네 하나님 여호와라

[7] 나 외에는 다른 신들을 네게 두지 말지니라

[8] 너는 자기를 위하여 새긴 우상을 만들지 말고 위로 하늘에 있는 것이나 아래로 땅에 있는 것이나 땅밑 물 속에 있는 것의 어떤 형상도 만들지 말며

[9] 그것들에게 절하지 말며 그것들을 섬기지 말라 나 네 하나님 여호와는 질투하는 하나님인즉 나를 미워하는 자의 죄를 갚되 아버지로부터 아들에게로 삼사 대까지 이르게 하거니와

[10] 나를 사랑하고 내 계명을 지키는 자에게는 천 대까지 은혜를 베푸느니라

[11] 너는 네 하나님 여호와의 이름을 망령되이 일컫지 말라 나 여호와는 내 이름을 망령되이 일컫는 자를 죄 없는 줄로 인정하지 아니하리라

[12] 네 하나님 여호와가 네게 명령한 대로 안식일을 지켜 거룩하게 하라

[13] 엿새 동안은 힘써 네 모든 일을 행할 것이나

[14] 일곱째 날은 네 하나님 여호와의 안식일인즉 너나 네 아들이나 네 딸이나 네 남종이나 네 여종이나 네 소나 네 나귀나 네 모든 가축이나 네 문 안에 유하는 객이라도 아무 일도 하지 못하게 하고 네 남종이나 네 여종에게 너 같이 안식하게 할지니라

[15] 너는 기억하라 네가 애굽 땅에서 종이 되었더니 네 하나님 여호와가 강

한 손과 편 팔로 거기서 너를 인도하여 내었나니 그러므로 네 하나님 여호와가 네게 명령하여 안식일을 지키라 하느니라

[16] 너는 네 하나님 여호와께서 명령한 대로 네 부모를 공경하라 그리하면 네 하나님 여호와가 네게 준 땅에서 네 생명이 길고 복을 누리리라

[17] 살인하지 말지니라

[18] 간음하지 말지니라

[19] 도둑질 하지 말지니라

[20] 네 이웃에 대하여 거짓 증거하지 말지니라

[21] 네 이웃의 아내를 탐내지 말지니라 네 이웃의 집이나 그의 밭이나 그의 남종이나 그의 여종이나 그의 소나 그의 나귀나 네 이웃의 모든 소유를 탐내지 말지니라

[22] 여호와께서 이 모든 말씀을 산 위 불 가운데, 구름 가운데, 흑암 가운데에서 큰 음성으로 너희 총회에 이르신 후에 더 말씀하지 아니하시고 그것을 두 돌판에 써서 내게 주셨느니라"

십계명은 하나님께서 친히 두 돌판에 불로 기록해 주셨다. 1~4계명은 하나님을 사랑하고 경외하라는 계명이고, 5~10계명은 이웃을 사랑하고 섬기라는 계명이다. 이 둘을 합치면 사랑하라는 계명이다.

이 말씀의 깊은 뜻이 여기에 있다. 하나님은 우리가 사랑을 구체적으로 실천하기 원하시고 또 실천할 것을 명령하셨다. 십계명은 명령이다. 이것을 하지 않는 사람은 하나님을 알지 못한다고 말씀하셨다.

(요일 4:8) "사랑하지 아니하는 자는 하나님을 알지 못하나니 이는 하나님은 사랑이심이라"

4. 하나님 사랑, 이웃 사랑을 하지 않는 것이 죄다

1) 하나님을 사랑하라는 말씀이다

하나님을 사랑하는데 어떻게 사랑해야 하는가?

신명기 6장 5절에서 9절처럼 사랑해야 한다. 그렇게 하지 않으면 모두 죄가 된다. 죄를 지은 사람이 살길은 회개하고 돌이켜 말씀대로 지키는 것뿐이다.

예수님이 하나님 사랑을 이렇게 말씀하셨다.

(마 22:37-38) "[37] 예수께서 이르시되 네 마음을 다하고 목숨을 다하고 뜻을 다하여 주 너의 하나님을 사랑하라 하셨으니 [38] 이것이 크고 첫째 되는 계명이요"

하나님을 마음을 다하고 목숨을 다하고 뜻을 다하여 사랑하지 않는 사람은 가장 크고 첫째 되는 죄를 짓는 것이다.

구약에서 제일 중요한 말씀이라고 주석에 쓰여 있다.

"너는 마음을 다하고 뜻을 다하고 힘을 다하여 네 하나님 여호와를 사랑하라" 이 말씀을 여러 곳에 기록하여 읽고 지키라고 하셨다. 명심해야 한다.

(신 6:1-17) "[1] 이는 곧 너희의 하나님 여호와께서 너희에게 가르치라고 명하신 명령과 규례와 법도라 너희가 건너가서 차지할 땅에서 행할 것이니

[2] 곧 너와 네 아들과 네 손자들이 평생에 네 하나님 여호와를 경외하며 내가 너희에게 명한 그 모든 규례와 명령을 지키게 하기 위한 것이며 또 네 날을 장구하게 하기 위한 것이라

[3] 이스라엘아 듣고 삼가 그것을 행하라 그리하면 네가 복을 받고 네 조상들의 하나님 여호와께서 네게 허락하심 같이 젖과 꿀이 흐르는 땅에서 네가 크게 번성하리라

[4] 이스라엘아 들으라 우리 하나님 여호와는 오직 유일한 여호와이시니

[5] 너는 마음을 다하고 뜻을 다하고 힘을 다하여 네 하나님 여호와를 사랑하라

[6] 오늘 내가 네게 명하는 이 말씀을 너는 마음에 새기고

[7] 네 자녀에게 부지런히 가르치며 집에 앉았을 때에든지 길을 갈 때에든지 누워 있을 때에든지 일어날 때에든지 이 말씀을 강론할 것이며

[8] 너는 또 그것을 네 손목에 매어 기호를 삼으며 네 미간에 붙여 표로 삼고

[9] 또 네 집 문설주와 바깥 문에 기록할지니라

[10] 네 하나님 여호와께서 네 조상 아브라함과 이삭과 야곱을 향하여 네게 주리라 맹세하신 땅으로 너를 들어가게 하시고 네가 건축하지 아니한 크고 아름다운 성읍을 얻게 하시며

[11] 네가 채우지 아니한 아름다운 물건이 가득한 집을 얻게 하시며 네가 파지 아니한 우물을 차지하게 하시며 네가 심지 아니한 포도원과 감람나무를 차지하게 하사 네게 배불리 먹게 하실 때에

[12] 너는 조심하여 너를 애굽 땅 종 되었던 집에서 인도하여 내신 여호와를 잊지 말고

[13] 네 하나님 여호와를 경외하며 그를 섬기며 그의 이름으로 맹세할 것이니라

[14] 너희는 다른 신들 곧 네 사면에 있는 백성의 신들을 따르지 말라

[15] 너희 중에 계신 너희의 하나님 여호와는 질투하시는 하나님이신즉

너희의 하나님 여호와께서 네게 진노하사 너를 지면에서 멸절시키실까
두려워하노라

[16] 너희가 맛사에서 시험한 것 같이 너희의 하나님 여호와를 시험하지
말고

[17] 너희의 하나님 여호와께서 너희에게 명하신 명령과 증거와 규례를
삼가 지키며"

2) 이웃을 사랑하라는 말씀이다

십계명의 5~10계명은 이웃을 사랑한다면 최소한 이웃에게 피해는
주지 말라는 말씀이다. 그렇게 살려면 하나님 보시기에 정직하고
선을 행하는 사람이 되어야 한다.

정직하고 선하지 않으면 이웃을 속이고 악을 행하며, 자기 이익을
위해서 이웃에게 피해나 손해를 입히게 된다. 그러면 그것이 죄가
된다. 이 죄가 매우 큰 죄다.

(신 6:18-19) "[18] 여호와께서 보시기에 정직하고 선량한 일을 행하라
[19] 그리하면 네가 복을 받고 그 땅에 들어가서 여호와께서 모든 대적을
네 앞에서 쫓아내시겠다고 네 조상들에게 맹세하신 아름다운 땅을 차지
하리니 여호와의 말씀과 같으니라"

(레 19:18) "원수를 갚지 말며 동포를 원망하지 말며 네 이웃 사랑하기를
네 자신과 같이 사랑하라 나는 여호와이니라"

예수님이 이웃 사랑을 말씀하셨다.

(마 22:39-40) "[39] 둘째도 그와 같으니 네 이웃을 네 자신 같이 사랑
하라 하셨으니

[40] 이 두 계명이 온 율법과 선지자의 강령이니라"

(롬 13:9) "간음하지 말라, 살인하지 말라, 도둑질하지 말라, 탐내지 말라 한 것과 그 외에 다른 계명이 있을지라도 네 이웃을 네 자신과 같이 사랑하라 하신 그 말씀 가운데 다 들었느니라"

이웃을 사랑하지 않는 죄는 하나님의 말씀을 거역하는 큰 죄다.

(요일 4:20) "누구든지 하나님을 사랑하노라 하고 그 형제를 미워하면 이는 거짓말하는 자니 보는 바 그 형제를 사랑하지 아니하는 자는 보지 못하는 바 하나님을 사랑할 수 없느니라"

(요일 5:2) "우리가 하나님을 사랑하고 그의 계명들을 지킬 때에 이로써 우리가 하나님의 자녀를 사랑하는 줄을 아느니라"

(요일 3:10) "이러므로 하나님의 자녀들과 마귀의 자녀들이 드러나나니 무릇 의를 행하지 아니하는 자나 또는 그 형제를 사랑하지 아니하는 자는 하나님께 속하지 아니하니라"

이웃을 사랑하지 않고 섬기지 않은 사람은 죄를 범한 것이고, 이웃에게 악을 행하고 피해를 준 사람은 지옥 형벌을 받게 된다.

3) 예수님의 가르침도 하나님 사랑, 이웃 사랑이다

(마 22:36-40) "[36] 선생님 율법 중에서 어느 계명이 크니이까
[37] 예수께서 이르시되 네 마음을 다하고 목숨을 다하고 뜻을 다하여 주 너의 하나님을 사랑하라 하셨으니
[38] 이것이 크고 첫째 되는 계명이요
[39] 둘째도 그와 같으니 네 이웃을 네 자신 같이 사랑하라 하셨으니
[40] 이 두 계명이 온 율법과 선지자의 강령이니라"

많은 사람이 이것이 하나님께서 사람들에게 주신 언약의 말씀인 것을 믿지 않는다. 그래서 지키지 않고 죄를 범하여 죗값으로 영벌을 받는 것이다.

성경에서 하나님이 직접 기록하신 것은 십계명뿐이라는 것을 알아야 한다. 이것을 지키는 자에게는 복을 주겠다고 언약하셨다. 그래서 이 언약의 두 돌판을 넣은 것을 '언약궤'라고도 하고 '법궤'라고도 한다.

하나님께서 사람에게 바라시는 것이 하나님 사랑, 이웃 사랑이다. 이것을 어겨 하나님을 모욕하고 이웃에게 피해를 주는 자는 모두 심판하겠다는 말씀이다. 이 말씀에 하나님의 사랑과 의로움과 거룩함과 공의와 정의가 담겨 있는 것이다.

하나님이 하시는 일은 언제나 옳다. 사람이 틀린 것이다.

5. 사람이 살면서 짓는 죄가 있다

사람이 살면서 짓는 수많은 죄가 있음에도, 성경을 모르면 이런 것이 죄인 줄 모르고 살다가 영벌 받는 곳으로 간다. 사람은 이렇게 많은 죄 때문에 하나님의 심판을 받을 수밖에 없다.

1) 마음에서 나오는 죄들이다

(마 15:17-20) "[17] 입으로 들어가는 모든 것은 배로 들어가서 뒤로 내버려지는 줄 알지 못하느냐

[18] 입에서 나오는 것들은 마음에서 나오나니 이것이야말로 사람을 더럽게 하느니라

[19] 마음에서 나오는 것은 악한 생각과 살인과 간음과 음란과 도둑질과

거짓 증언과 비방이니

[20] 이런 것들이 사람을 더럽게 하는 것이요 씻지 않은 손으로 먹는 것은 사람을 더럽게 하지 못하느니라"

(막 7:20-23) "[20] 또 이르시되 사람에게서 나오는 그것이 사람을 더럽게 하느니라

[21] 속에서 곧 사람의 마음에서 나오는 것은 악한 생각 곧 음란과 도둑질과 살인과

[22] 간음과 탐욕과 악독과 속임과 음탕과 질투와 비방과 교만과 우매함이니

[23] 이 모든 악한 것이 다 속에서 나와서 사람을 더럽게 하느니라"

2) 불신자들이 짓는 죄다

(롬 1:20-32) "[20] 창세로부터 그의 보이지 아니하는 것들 곧 그의 영원하신 능력과 신성이 그가 만드신 만물에 분명히 보여 알려졌나니 그러므로 그들이 핑계하지 못할지니라

[21] 하나님을 알되 하나님을 영화롭게도 아니하며 감사하지도 아니하고 오히려 그 생각이 허망하여지며 미련한 마음이 어두워졌나니

[22] 스스로 지혜 있다 하나 어리석게 되어

[23] 썩어지지 아니하는 하나님의 영광을 썩어질 사람과 새와 짐승과 기어다니는 동물 모양의 우상으로 바꾸었느니라

[24] 그러므로 하나님께서 그들을 마음의 정욕대로 더러움에 내버려 두사 그들의 몸을 서로 욕되게 하게 하셨으니

[25] 이는 그들이 하나님의 진리를 거짓 것으로 바꾸어 피조물을 조물주

보다 더 경배하고 섬김이라 주는 곧 영원히 찬송할 이시로다 아멘

[26] 이 때문에 하나님께서 그들을 부끄러운 욕심에 내버려 두셨으니 곧 그들의 여자들도 순리대로 쓸 것을 바꾸어 역리로 쓰며

[27] 그와 같이 남자들도 순리대로 여자 쓰기를 버리고 서로 향하여 음욕이 불 일듯 하매 남자가 남자와 더불어 부끄러운 일을 행하여 그들의 그릇됨에 상당한 보응을 그들 자신이 받았느니라

[28] 또한 그들이 마음에 하나님 두기를 싫어하매 하나님께서 그들을 그 상실한 마음대로 내버려 두사 합당하지 못한 일을 하게 하셨으니

[29] 곧 모든 불의, 추악, 탐욕, 악의가 가득한 자요 시기, 살인, 분쟁, 사기, 악독이 가득한 자요 수군수군하는 자요

[30] 비방하는 자요 하나님께서 미워하시는 자요 능욕하는 자요 교만한 자요 자랑하는 자요 악을 도모하는 자요 부모를 거역하는 자요

[31] 우매한 자요 배약하는 자요 무정한 자요 무자비한 자라

[32] 그들이 이같은 일을 행하는 자는 사형에 해당한다고 하나님께서 정하심을 알고도 자기들만 행할 뿐 아니라 또한 그런 일을 행하는 자들을 옳다 하느니라"

3) 말세를 살면서 짓는 죄다

(딤후 3:1-8) "[1] 너는 이것을 알라 말세에 고통하는 때가 이르러

[2] 사람들이 자기를 사랑하며 돈을 사랑하며 자랑하며 교만하며 비방하며 부모를 거역하며 감사하지 아니하며 거룩하지 아니하며

[3] 무정하며 원통함을 풀지 아니하며 모함하며 절제하지 못하며 사나우며 선한 것을 좋아하지 아니하며

[4] 배신하며 조급하며 자만하며 쾌락을 사랑하기를 하나님 사랑하는 것보다 더하며

[5] 경건의 모양은 있으나 경건의 능력은 부인하니 이같은 자들에게서 네가 돌아서라

[6] 그들 중에 남의 집에 가만히 들어가 어리석은 여자를 유인하는 자들이 있으니 그 여자는 죄를 중히 지고 여러 가지 욕심에 끌린 바 되어

[7] 항상 배우나 끝내 진리의 지식에 이를 수 없느니라

[8] 얀네와 얌브레가 모세를 대적한 것 같이 그들도 진리를 대적하니 이 사람들은 그 마음이 부패한 자요 믿음에 관하여는 버림 받은 자들이라"

4) 믿는 사람들이 짓는 죄다

(마 23:1-33) "[1] 이에 예수께서 무리와 제자들에게 말씀하여 이르시되

[2] 서기관들과 바리새인들이 모세의 자리에 앉았으니

[3] 그러므로 무엇이든지 그들이 말하는 바는 행하고 지키되 그들이 하는 행위는 본받지 말라 그들은 말만 하고 행하지 아니하며

[4] 또 무거운 짐을 묶어 사람의 어깨에 지우되 자기는 이것을 한 손가락으로도 움직이려 하지 아니하며

[5] 그들의 모든 행위를 사람에게 보이고자 하나니 곧 그 경문 띠를 넓게 하며 옷술을 길게 하고

[6] 잔치의 윗자리와 회당의 높은 자리와

[7] 시장에서 문안 받는 것과 사람에게 랍비라 칭함을 받는 것을 좋아하느니라…

[13] 화 있을진저 외식하는 서기관들과 바리새인들이여 너희는 천국 문

을 사람들 앞에서 닫고 너희도 들어가지 않고 들어가려 하는 자도 들어가지 못하게 하는도다…

[15] 화 있을진저 외식하는 서기관들과 바리새인들이여 너희는 교인 한 사람을 얻기 위하여 바다와 육지를 두루 다니다가 생기면 너희보다 배나 더 지옥 자식이 되게 하는도다

[16] 화 있을진저 눈 먼 인도자여 너희가 말하되 누구든지 성전으로 맹세하면 아무 일 없거니와 성전의 금으로 맹세하면 지킬지라 하는도다…

[23] 화 있을진저 외식하는 서기관들과 바리새인들이여 너희가 박하와 회향과 근채의 십일조는 드리되 율법의 더 중한 바 정의와 긍휼과 믿음은 버렸도다 그러나 이것도 행하고 저것도 버리지 말아야 할지니라

[24] 맹인 된 인도자여 하루살이는 걸러 내고 낙타는 삼키는도다

[25] 화 있을진저 외식하는 서기관들과 바리새인들이여 잔과 대접의 겉은 깨끗이 하되 그 안에는 탐욕과 방탕으로 가득하게 하는도다

[26] 눈 먼 바리새인이여 너는 먼저 안을 깨끗이 하라 그리하면 겉도 깨끗하리라

[27] 화 있을진저 외식하는 서기관들과 바리새인들이여 회칠한 무덤 같으니 겉으로는 아름답게 보이나 그 안에는 죽은 사람의 뼈와 모든 더러운 것이 가득하도다

[28] 이와 같이 너희도 겉으로는 사람에게 옳게 보이되 안으로는 외식과 불법이 가득하도다…

[33] 뱀들아 독사의 새끼들아 너희가 어떻게 지옥의 판결을 피하겠느냐"

이렇듯 많은 죄를 짓는데 이것이 죄인 줄도 모르고 알려고도 하지 않는다. 죄를 모르니 회개하지도 않고, 가르쳐 주어도 인정하지 않는다. 그러니 영벌 받는 곳에 가는 것이 하나님의 공의다.

6. 사람은 죗값으로 영벌을 받는다

사람이 착하게 살았으니 죄가 없다고 말하면 거짓말하는 것이다.

(요일 1:10) "만일 우리가 범죄하지 아니하였다 하면 하나님을 거짓말하는 이로 만드는 것이니 또한 그의 말씀이 우리 속에 있지 아니하니라"

하나님은 하나님의 종들을 통하여, 또 성경 말씀을 통하여 죄를 가르쳐 주신다. 이 말씀을 듣고 영벌 받을 죄인인 것을 알았다면 회개하여 죄 사함 받아야 한다. 그렇지 않으면 죗값으로 영벌 받는다고 앞에서도 여러 번 말하였다.

하나님께서 정의와 공의로 각 사람의 행위대로 심판하시는 것이 옳으신 일이다.

(계 20:13) "바다가 그 가운데에서 죽은 자들을 내주고 또 사망과 음부도 그 가운데에서 죽은 자들을 내주매 각 사람이 자기의 행위대로 심판을 받고"

성경은 사람의 육신이 죽는 것을 첫째 사망이라 하였고, 사람의 영혼이 지옥에 들어가는 것을 둘째 사망이라고 말씀하신다.

(계 20:14) "사망과 음부도 불못에 던져지니 이것은 둘째 사망 곧 불못이라"

(계 21:8) "그러나 두려워하는 자들과 믿지 아니하는 자들과 흉악한 자들과 살인자들과 음행하는 자들과 점술가들과 우상 숭배자들과 거짓말하는 모든 자들은 불과 유황으로 타는 못에 던져지리니 이것이 둘째 사망이라"

사람은 육신이 죽은 후에 반드시 그 행위대로 하나님의 심판을 받는다. 그래서 영생을 얻는 사람과 영벌을 받는 사람으로 나뉜다.

(마 25:46) "그들은 영벌에, 의인들은 영생에 들어가리라 하시니라"

(롬 6:23) "죄의 삯은 사망이요 하나님의 은사는 그리스도 예수 우리 주 안에 있는 영생이니라"

모든 사람이 죄가 많아 천국에 갈 자가 하나도 없고 모두 자동으로 지옥에 가는 것이다. 그래서 사도 바울이 비통해 하였다.

(롬 7:24) "오호라 나는 곤고한 사람이로다 이 사망의 몸에서 누가 나를 건져내랴"

오직 예수 그리스도를 믿고 회개하여 죄 사함 받는 사람만이 영생을 얻어 천국에 들어간다. 이렇게 죄 사함 받는 길을 만드신 분이 예수 그리스도이시다. 그리고 죄 사함을 베풀어 주신 분도 예수 그리스도이시다.

이렇게 사람에게 죄 사함을 주어 구원받게 하시는 것이 하나님의 은혜이다. 하나님의 은혜 없이는 구원도 없다.

03 사람이 영벌을 받는 곳이 지옥이다

1. 지옥의 모습

성경에 기록된 지옥의 모습은 일부분이다. 지옥은 더 크고 넓으며, 더 고통스러운 곳이 많다. 죽어서 지옥에 갔다가 온 간증자들의 간증문을 보면 많이 기록되어 있다. 그러므로 지옥의 모습을 보고 절대로 가지 않겠다고 다짐하고 믿음생활을 해야 한다.

1) 꺼지지 않는 불 속이다

(마 5:22) "나는 너희에게 이르노니 형제에게 노하는 자마다 심판을 받게 되고 형제를 대하여 라가라 하는 자는 공회에 잡혀가게 되고 미련한 놈이라 하는 자는 지옥 불에 들어가게 되리라"

(막 9:43) "만일 네 손이 너를 범죄하게 하거든 찍어버리라 장애인으로 영생에 들어가는 것이 두 손을 가지고 지옥 곧 꺼지지 않는 불에 들어가는 것보다 나으니라"

(막 9:48) "거기에서는 구더기도 죽지 않고 불도 꺼지지 아니하느니라"

(눅 3:17) "손에 키를 들고 자기의 타작 마당을 정하게 하사 알곡은 모아 곳간에 들이고 쭉정이는 꺼지지 않는 불에 태우시리라"

2) '음부'라고도 한다

(눅 16:23) "그가 음부에서 고통중에 눈을 들어 멀리 아브라함과 그의 품에 있는 나사로를 보고"

(행 2:27) "이는 내 영혼을 음부에 버리지 아니하시며 주의 거룩한 자로 썩음을 당하지 않게 하실 것임이로다"

3) 어두운 곳에서 슬피 울며 이를 가는 곳이다

(마 8:12) "그 나라의 본 자손들은 바깥 어두운 데 쫓겨나 거기서 울며 이를 갈게 되리라"

(마 25:30) "이 무익한 종을 바깥 어두운 데로 내쫓으라 거기서 슬피 울며 이를 갈리라 하니라"

(벧후 2:4) "하나님이 범죄한 천사들을 용서하지 아니하시고 지옥에 던져 어두운 구덩이에 두어 심판 때까지 지키게 하셨으며"

4) 둘째 사망을 받아 가는 곳이다

(계 20:14) "사망과 음부도 불못에 던져지니 이것은 둘째 사망 곧 불못이라"

(계 21:8) "그러나 두려워하는 자들과 믿지 아니하는 자들과 흉악한 자들과 살인자들과 음행하는 자들과 점술가들과 우상 숭배자들과 거짓말하는 모든 자들은 불과 유황으로 타는 못에 던져지리니 이것이 둘째 사망이라"

2. 지옥에 가는 이유

죄를 회개하지 않고 용서받지 않았기 때문이다.

단순히 죄 짓지 않고 착한 일을 많이 하면 지옥에 안 가는 것이 아니다. 죄를 지은 사람이 자신이 죄인임을 깨닫고 진심으로 하나님께 용서를 구할 때, 하나님께서 그 진심을 보시고 죄를 사하여 주셔서 지옥에 가지 않는 것이고, 구원받아 천국으로 가는 것이다.

다시 말하면 예수님의 십자가의 대속을 믿고 회개하여 죄 사함 받아야 지옥에 가지 않고 구원받는 것이다. 죄 사함을 받지 못한 사람은 착하게 살았어도 지옥에 간다. 이것은 앞에서 원죄에 대해 설명한 것을 참고하면 이해가 될 것이다.

모든 사람이 죄를 범한다. 그런데 어떤 사람은 죄를 깨닫고 회개하여 죄 사함 받아 지옥에 안 가고, 어떤 사람은 죄를 깨닫지 못해 회개하지 않으므로 지옥에 간다. 그러므로 지옥에 가는 사람은 미련한 사람이다.

(롬 3:23) "모든 사람이 죄를 범하였으매 하나님의 영광에 이르지 못하더니"

(요일 1:8) "만일 우리가 죄가 없다고 말하면 스스로 속이고 또 진리가 우리 속에 있지 아니할 것이요"

04 구원받는 순서

1. 교회의 초청에 응한다

1) 교회는 전도를 통해 초청한다

(행 5:42) "그들이 날마다 성전에 있든지 집에 있든지 예수는 그리스도
라고 가르치기와 전도하기를 그치지 아니하니라"

2) 교회는 모임을 통해 초청한다

(마 22:14) "청함을 받은 자는 많되 택함을 입은 자는 적으니라"

2. 교회에 출석하여 예배를 드린다

(롬 12:1) "그러므로 형제들아 내가 하나님의 모든 자비하심으로 너희를 권
하노니 너희 몸을 하나님이 기뻐하시는 거룩한 산 제물로 드리라 이는 너희
가 드릴 영적 예배니라"

(요 4:23) "아버지께 참되게 예배하는 자들은 영과 진리로 예배할 때가 오
나니 곧 이 때라 아버지께서는 자기에게 이렇게 예배하는 자들을 찾으시느
니라"

(요 4:24) "하나님은 영이시니 예배하는 자가 영과 진리로 예배할지니라"

3. 예배시간에 하나님의 말씀을 마음에 새긴다

(눅 8:15) "좋은 땅에 있다는 것은 착하고 좋은 마음으로 말씀을 듣고 지키어 인내로 결실하는 자니라"

(행 17:11) "베뢰아에 있는 사람들은 데살로니가에 있는 사람들보다 더 너그러워서 간절한 마음으로 말씀을 받고 이것이 그러한가 하여 날마다 성경을 상고하므로"

(히 4:12) "하나님의 말씀은 살아 있고 활력이 있어 좌우에 날선 어떤 검보다도 예리하여 혼과 영과 및 관절과 골수를 찔러 쪼개기까지 하며 또 마음의 생각과 뜻을 판단하나니"

(약 1:21) "그러므로 모든 더러운 것과 넘치는 악을 내버리고 너희 영혼을 능히 구원할 바 마음에 심어진 말씀을 온유함으로 받으라"

4. 성령 하나님이 임하여 하나님이 믿어지게 해 달라고 기도한다

(눅 11:13) "너희가 악할지라도 좋은 것을 자식에게 줄 줄 알거든 하물며 너희 하늘 아버지께서 구하는 자에게 성령을 주시지 않겠느냐 하시니라"

(행 1:5) "요한은 물로 세례를 베풀었으나 너희는 몇 날이 못되어 성령으로 세례를 받으리라 하셨느니라"

(행 11:16) "내가 주의 말씀에 요한은 물로 세례를 베풀었으나 너희는 성령으로 세례를 받으리라 하신 것이 생각났노라"

5. 자신의 영혼을 구원해 달라고 기도한다

자신의 영혼은 천하보다 귀하다.

(눅 9:25) "사람이 만일 온 천하를 얻고도 자기를 잃든지 빼앗기든지 하면 무엇이 유익하리요"

예수 그리스도를 믿고 자신의 영혼을 구원해 달라고 구하면 받는다.

(행 2:21) "누구든지 주의 이름을 부르는 자는 구원을 받으리라 하였느니라"

구하는 자에게 성령을 주신다. 그러므로 성령 세례를 구해야 한다.

(눅 11:13) "너희가 악할지라도 좋은 것을 자식에게 줄 줄 알거든 하물며 너희 하늘 아버지께서 구하는 자에게 성령을 주시지 않겠느냐 하시니라"

성령 하나님의 임재를 구하여 임하시면 구원받는다.

(요 3:5) "예수께서 대답하시되 진실로 진실로 네게 이르노니 사람이 물과 성령으로 나지 아니하면 하나님의 나라에 들어갈 수 없느니라"

05

구원의 조건

1. 성령을 받아야 한다

1) 성령을 받아야 영적으로 거듭나는 사람이 되어 구원받게 된다

(요 3:5) "예수께서 대답하시되 진실로 진실로 네게 이르노니 사람이 물과 성령으로 나지 아니하면 하나님의 나라에 들어갈 수 없느니라"

2) 성령 받은 사람이 인치심을 받은 사람이다

(엡 1:13) "그 안에서 너희도 진리의 말씀 곧 너희의 구원의 복음을 듣고 그 안에서 또한 믿어 약속의 성령으로 인치심을 받았으니"

3) 교회에 처음 나와서부터 성령 하나님이 자기의 심령 속에 임하시기를 간구해야 한다

(엡 3:16) "그의 영광의 풍성함을 따라 그의 성령으로 말미암아 너희 속사람을 능력으로 강건하게 하시오며"

4) 성령이 속사람에게 없는 자는 구원받지 못한다

(유 1:19) "이 사람들은 분열을 일으키는 자며 육에 속한 자며 성령이 없는 자니라"

5) 성령님이 자신에게 임하시기를 간절히 기도해야 한다

(눅 11:13) "너희가 악할지라도 좋은 것을 자식에게 줄 줄 알거든 하물며 너희 하늘 아버지께서 구하는 자에게 성령을 주시지 않겠느냐 하시니라"

6) 자신이 현재까지 알고 있는 죄를 회개하며 기도해야 성령을 선물로 받는다

(행 2:38) "베드로가 이르되 너희가 회개하여 각각 예수 그리스도의 이름으로 세례를 받고 죄 사함을 받으라 그리하면 성령의 선물을 받으리니"

2. 성령 세례를 달라고 간절히 기도한다

1) 세례의 의미

회개의 의미로 세례를 베풀었다.

(막 1:4-8) "[4] 세례 요한이 광야에 이르러 죄 사함을 받게 하는 회개의 세례를 전파하니

[5] 온 유대 지방과 예루살렘 사람이 다 나아가 자기 죄를 자복하고 요단 강에서 그에게 세례를 받더라

[6] 요한은 낙타털 옷을 입고 허리에 가죽 띠를 띠고 메뚜기와 석청을 먹더라

[7] 그가 전파하여 이르되 나보다 능력 많으신 이가 내 뒤에 오시나니 나는 굽혀 그의 신발끈을 풀기도 감당하지 못하겠노라

[8] 나는 너희에게 물로 세례를 베풀었거니와 그는 너희에게 성령으로 세례를 베푸시리라"

2) 성령 세례를 받으면 회개가 일어난다

(눅 3:16) "요한이 모든 사람에게 대답하여 이르되 나는 물로 너희에게 세례를 베풀거니와 나보다 능력이 많으신 이가 오시나니 나는 그의 신발 끈을 풀기도 감당하지 못하겠노라 그는 성령과 불로 너희에게 세례를 베푸실 것이요"

3) 성령 세례를 받으면 일어나는 일

첫째, 자신이 죄인임을 깨닫게 된다. 지금까지 살아오면서 지은 죄가 모두 생각난다.

둘째, 통곡하며 회개하게 된다. 눈물, 콧물을 쏟으며 기도하게 된다.

셋째, 예수님이 100% 믿어진다.

넷째, 성경 말씀이 100% 믿어진다.

다섯째, 기도가 끝나고 나면 마음이 시원하고 평안하며 세상이 다르게 보인다.

여섯째, 진심으로 하나님을 사랑하고 하나님을 믿으려는 마음이 생긴다.

일곱째, 교회 가는 것이 즐겁고 하나님의 일을 하는 것이 기뻐진다.

3. 예수님이 나를 위해 하신 다섯 가지를 믿어야 한다

1) 탄생

사람을 구원하시려고 동정녀의 몸에서 탄생하신 것을 믿어야 한다.

2) 십자가 고난

나의 죄를 짊어지고 나 대신 십자가로 고난을 받고 피와 물을 흘리고 죽은 것을 믿어야 한다. 이것을 대속이라고 한다.

3) 부활

예수 그리스도께서 죽었다가 3일 만에 부활하신 것을 믿어야 한다.

4) 승천

부활하신 예수님이 제자들에게 보이시고 사명도 주시고 40일 후에 승천하신 것을 믿어야 한다.

5) 재림

예수님이 세상을 심판하시려고 다시 재림하시는 것을 믿어야 한다. 이것을 사도들이 믿었으므로 우리도 항상 사도들의 신앙고백인 사도신경을 암송한다. 우리는 사람을 구원하기 위해 오신 메시아 즉, 그리스도 예수를 마음으로 믿고 마음속에 영접해야 한다.

4. 하나님을 사랑하고 이웃을 사랑한다

구원받은 사람은 가장 큰 계명인 첫째와 둘째 계명을 지켜야 한다. 그렇게 하면 구원받은 것을 영원히 유지할 수 있다.

(눅 10:25-28) "[25] 어떤 율법교사가 일어나 예수를 시험하여 이르되 선생님 내가 무엇을 하여야 영생을 얻으리이까

[26] 예수께서 이르시되 율법에 무엇이라 기록되었으며 네가 어떻게 읽느냐

[27] 대답하여 이르되 네 마음을 다하며 목숨을 다하며 힘을 다하며 뜻을 다하여 주 너의 하나님을 사랑하고 또한 네 이웃을 네 자신 같이 사랑하라 하였나이다

[28] 예수께서 이르시되 네 대답이 옳도다 이를 행하라 그러면 살리라 하시니"

예수님은 이것이 하나님께서 가장 원하시는 구원받은 자가 지켜야 할 계명이요 삶이라고 설명하셨다.

(마 22:37-40) "[37] 예수께서 이르시되 네 마음을 다하고 목숨을 다하고 뜻을 다하여 주 너의 하나님을 사랑하라 하셨으니 [38] 이것이 크고 첫째 되는 계명이요 [39] 둘째도 그와 같으니 네 이웃을 네 자신 같이 사랑하라 하셨으니 [40] 이 두 계명이 온 율법과 선지자의 강령이니라"

첫째 계명 : 하나님 사랑을 하나님 경외와 섬김으로 나타낸다.
둘째 계명 : 이웃 사랑을 이웃 섬김으로 나타낸다.
그리고 십계명을 지켜야 한다. 부득이 못 지키면 즉시 회개해야 한다.

5. 서기관과 바리새인 같은 악을 행하지 않아야 한다

바리새인은 자신들이 생각하기를 100% 구원받았다고 믿었다. 그들은 율법을 지켰고 하나님 사랑, 이웃 사랑을 하였다. 그들은 아브라함의 후손이고 할례를 받았다. 그래서 특별하게 선택받은 민족이며 백성이라고 믿었다. 그런데 예수님은 책망하시고 지옥 판결을 내리셨다.

(마 23:33) "뱀들아 독사의 새끼들아 너희가 어떻게 지옥의 판결을 피하겠느냐"

바리새인이 구원받지 못한 이유는 마태복음 23장에 기록되어 있다.

1) 모세처럼 높아지는 것을 좋아했다

(마 23:2) "서기관들과 바리새인들이 모세의 자리에 앉았으니"

2) 특별한 옷을 입고 사람들에게 특별하게 보이려 하였고, 높은 자리와 문안받는 것, 대접받는 것을 좋아했다

(마 23:5-7) "[5] 그들의 모든 행위를 사람에게 보이고자 하나니 곧 그 경문 띠를 넓게 하며 옷술을 길게 하고 [6] 잔치의 윗자리와 회당의 높은 자리와 [7] 시장에서 문안 받는 것과 사람에게 랍비라 칭함을 받는 것을 좋아하느니라"

3) 예수님은 섬기는 자가 되라고 말씀하셨는데 반대로 섬김을 받으려고만 하였다

(마 23:11-12) "[11] 너희 중에 큰 자는 너희를 섬기는 자가 되어야 하리라 [12] 누구든지 자기를 높이는 자는 낮아지고 누구든지 자기를 낮추는 자는 높아지리라"

4) 눈먼 인도자였다

(마 23:16) "화 있을진저 눈 먼 인도자여 너희가 말하되 누구든지 성전으로 맹세하면 아무 일 없거니와 성전의 금으로 맹세하면 지킬지라 하는도다"

5) 정의와 긍휼과 믿음이 없었다

(마 23:23) "화 있을진저 외식하는 서기관들과 바리새인들이여 너희가 박하와 회향과 근채의 십일조는 드리되 율법의 더 중한 바 정의와 긍휼과 믿음은 버렸도다 그러나 이것도 행하고 저것도 버리지 말아야 할지니라"

6) 마음이 더러웠다

겉은 하나님을 믿는 사람처럼 보였는데 마음은 탐욕이 많고, 방탕한 삶을 살았다.

(마 23:25) "화 있을진저 외식하는 서기관들과 바리새인들이여 잔과 대접의 겉은 깨끗이 하되 그 안에는 탐욕과 방탕으로 가득하게 하는도다"

7) 외식과 불법이 가득했다

(마 23:28) "이와 같이 너희도 겉으로는 사람에게 옳게 보이되 안으로는 외식과 불법이 가득하도다"

예수님의 가르침대로 살면서 하나님이 싫어하시는 악을 행하면 외식하는 사람으로 본다. 그리고 구원도 받지 못한다. 성도는 이것을 조심해야 한다.

그러므로 스스로 낮아져서 하나님과 사람을 섬기는 성도가 되어야 한다.

6. 구원받은 사람은 생활 속에서 지은 죄를 그때마다 회개하면 된다

성령 세례로 거듭난 사람은 그 후부터는 죄를 지었을 때 즉시 회개하면 용서함을 받는다.

『예수님의 비유』

(요 13:10) "예수께서 이르시되 이미 목욕한 자는 발밖에 씻을 필요가 없느니라 온 몸이 깨끗하니라 너희가 깨끗하나 다는 아니니라 하시니"

목욕하여 전체를 씻은 사람은 발만 씻으면 된다고 말씀하셨다. 이것은 성령 받을 때 회개하고 원죄와 조상죄, 그리고 자범죄를 용서받은 사람은 그 후부터 지은 죄만 회개하면 용서받는다는 뜻이다.

7. 구원받는 것 요약

1) 성령 하나님이 자신의 심령 속에 임하여 거듭나게 해야 한다.

2) 자신의 죄를 깨닫고 회개해야 한다.

3) 예수님을 그리스도(구원자)로 믿는 것이다.

4) 하나님 말씀대로 살아야 한다. 하나님 사랑, 이웃 사랑을 실천한다.

5) 서기관과 바리새인 같은 악을 행하지 않아야 한다.

6) 구원받은 후 죄 짓는 것은 그때마다 회개해야 한다.

06

구원에 관한 말씀과 구체적 설명

1. 죄인을 구원하려고 오셨다

1) 예수님이 의인을 구원하러 온 것이 아니라 죄인을 구원하러 왔다고 말씀하신다

(막 2:17) "예수께서 들으시고 그들에게 이르시되 건강한 자에게는 의사가 쓸 데 없고 병든 자에게라야 쓸 데 있느니라 나는 의인을 부르러 온 것이 아니요 죄인을 부르러 왔노라 하시니라"

(딤전 1:15) "미쁘다 모든 사람이 받을 만한 이 말이여 그리스도 예수께서 죄인을 구원하시려고 세상에 임하셨다 하였도다 죄인 중에 내가 괴수니라"

2) 죄인을 회개시켜 구원하러 왔다고 하신다

(눅 5:32) "내가 의인을 부르러 온 것이 아니요 죄인을 불러 회개시키러 왔노라"

(눅 15:7) "내가 너희에게 이르노니 이와 같이 죄인 한 사람이 회개하면 하늘에서는 회개할 것 없는 의인 아흔아홉으로 말미암아 기뻐하는 것보다 더하리라"

2. 구원자로 오신 예수님

예수님은 메시아 즉, 구원자로 오신 것이다.

1) 예수님의 이름의 뜻이 '자기 백성을 죄에서 구원할 자'이다

(마 1:21) "아들을 낳으리니 이름을 예수라 하라 이는 그가 자기 백성을 그들의 죄에서 구원할 자이심이라 하니라"

2) 예수님을 믿는 자는 죽어도 영생하는 구원을 받는다

(요 11:25-26) "[25] 예수께서 이르시되 나는 부활이요 생명이니 나를 믿는 자는 죽어도 살겠고 [26] 무릇 살아서 나를 믿는 자는 영원히 죽지 아니하리니 이것을 네가 믿느냐"

3) 예수님을 구원자로 믿고 영접하는 자는 하나님의 자녀가 된다

(요 1:12) "영접하는 자 곧 그 이름을 믿는 자들에게는 하나님의 자녀가 되는 권세를 주셨으니"

(빌 3:20) "그러나 우리의 시민권은 하늘에 있는지라 거기로부터 구원하는 자 곧 주 예수 그리스도를 기다리노니"

4) 예수님의 은혜로 구원을 받는다

(행 15:11) "그러나 우리는 그들이 우리와 동일하게 주 예수의 은혜로 구원 받는 줄을 믿노라 하니라"

(엡 2:5) "허물로 죽은 우리를 그리스도와 함께 살리셨고 (너희는 은혜로 구원을 받은 것이라)"

5) 주 예수님을 믿으면 구원을 받는다

(행 16:31) "이르되 주 예수를 믿으라 그리하면 너와 네 집이 구원을 받으리라 하고"

6) 예수 그리스도 외에는 구원받는 길이 없다

(요 14:6) "예수께서 이르시되 내가 곧 길이요 진리요 생명이니 나로 말미암지 않고는 아버지께로 올 자가 없느니라"

(행 4:12) "다른 이로써는 구원을 받을 수 없나니 천하 사람 중에 구원을 받을 만한 다른 이름을 우리에게 주신 일이 없음이라 하였더라"

3. 예수님을 그리스도로 믿고 죄 사함을 받아야 구원받는다

사람들이 죗값으로 심판받아 영벌 받는 지옥으로 간다. 이 죄를 해결해야 구원을 받는다. 이것을 해결하려고 하나님이 인간의 몸으로 오셔서 사람들의 죄를 짊어지고 죽어주셨다. 이것이 하나님의 사랑이요, 사람에게 베푸신 큰 은혜이다.

1) 사람을 구원하시려고 하나님이 육신으로 오셨다

(요 1:14) "말씀이 육신이 되어 우리 가운데 거하시매 우리가 그의 영광을 보니 아버지의 독생자의 영광이요 은혜와 진리가 충만하더라"

2) 우리가 죄인되었을 때에 십자가에서 죽어주심으로 사랑을 보여 주셨다

(롬 5:8) "우리가 아직 죄인 되었을 때에 그리스도께서 우리를 위하여 죽

으심으로 하나님께서 우리에 대한 자기의 사랑을 확증하셨느니라"

3) 사람을 살리시려고 죽기까지 복종하셨다

(빌 2:8) "사람의 모양으로 나타나사 자기를 낮추시고 죽기까지 복종하셨으니 곧 십자가에 죽으심이라"

이렇게 사람은 하나님의 큰 사랑과 큰 은혜로 구원받는 것이다. 자기의 선한 행위로는 구원받지 못한다.

4) 예수님께서 많은 사람의 죄를 대속하시려고 십자가 위에서 피를 흘려 언약하셨다

(마 26:28) "이것은 죄 사함을 얻게 하려고 많은 사람을 위하여 흘리는 바 나의 피 곧 언약의 피니라"

십자가의 피로 사람과 언약하셨다. 사람들은 중요한 언약을 할 때 피로 언약한다. 그래서 하나님께서도 피로 언약하여 본을 보이셨다. 피의 언약은 불변이다.

누구든지 예수님이 그리스도이심을 믿고 자기 죄를 회개하는 사람은 용서해 주시고 구원해 주신다는 약속이다.

5) 예수님이 우리의 죄를 속량해 주셨다

(골 1:14) "그 아들 안에서 우리가 속량 곧 죄 사함을 얻었도다"

(엡 1:7) "우리는 그리스도 안에서 그의 은혜의 풍성함을 따라 그의 피로 말미암아 속량 곧 죄 사함을 받았느니라"

6) 예수 그리스도의 죄 속량함을 믿으면 죄 사함을 받는다

(요일 2:12) "자녀들아 내가 너희에게 쓰는 것은 너희 죄가 그의 이름으로 말미암아 사함을 받았음이요"

7) 죄 사함이 있어야 구원을 받는다

(눅 1:77) "주의 백성에게 그 죄 사함으로 말미암는 구원을 알게 하리니"

8) 죄 사함을 받는 사람은 복이 있다

(롬 4:7) "불법이 사함을 받고 죄가 가리어짐을 받는 사람들은 복이 있고"

9) 죄 사함을 받게 하는 회개를 해야 한다

(눅 24:47) "또 그의 이름으로 죄 사함을 받게 하는 회개가 예루살렘에서 시작하여 모든 족속에게 전파될 것이 기록되었으니"

10) 구원받고 영생을 얻는 회개가 전파되었다

(행 11:18) "그들이 이 말을 듣고 잠잠하여 하나님께 영광을 돌려 이르되 그러면 하나님께서 이방인에게도 생명 얻는 회개를 주셨도다 하니라"

11) 이스라엘 백성에게도 회개함과 죄 사함을 주시려고 예수님이 오셨다

(행 5:31) "이스라엘에게 회개함과 죄 사함을 주시려고 그를 오른손으로 높이사 임금과 구주로 삼으셨느니라"

12) 죄 사함을 받으면 사탄의 권세에서 하나님께로 돌아온다

(행 26:18) "그 눈을 뜨게 하여 어둠에서 빛으로, 사탄의 권세에서 하나님께로 돌아오게 하고 죄 사함과 나를 믿어 거룩하게 된 무리 가운데서 기업을 얻게 하리라 하더이다"

13) 회개하면 성령 하나님도 임하신다

(행 2:38) "베드로가 이르되 너희가 회개하여 각각 예수 그리스도의 이름으로 세례를 받고 죄 사함을 받으라 그리하면 성령의 선물을 받으리니"

14) 죄 사함을 받지 못한 사람은 구원받지 못한다

(막 4:12) "이는 그들로 보기는 보아도 알지 못하며 듣기는 들어도 깨닫지 못하게 하여 돌이켜 죄 사함을 얻지 못하게 하려 함이라 하시고"

4. 성령 하나님을 영접해야 한다

1) 물과 성령으로 거듭나야 한다

(요 3:5) "예수께서 대답하시되 진실로 진실로 네게 이르노니 사람이 물과 성령으로 나지 아니하면 하나님의 나라에 들어갈 수 없느니라"

이 말씀에서 물과 성령으로 거듭나야 구원받는다고 하신다.

성령은 모두가 알고 있다. 그럼 물은 무엇인가?

두 가지 해석이 있다.

첫째는 물은 '예수 그리스도'라고 해석한다. 사도 요한이 물과 성령에 관하여 말하였으므로 물에 관한 해석도 사도 요한이 한 것이

맞다고 생각한다.

물에 대하여 사도 요한이 한 말씀

(요일 5:6) "이는 물과 피로 임하신 이시니 곧 예수 그리스도시라 물로만 아니요 물과 피로 임하셨고 증언하는 이는 성령이시니 성령은 진리니라"

(요일 5:8) "성령과 물과 피라 또한 이 셋은 합하여 하나이니라"

여기서 물은 세례가 아니다. 예수 그리스도라고 말한다. 이것이 성경 전체와 일치한다. 우리가 구원받으려면 예수님을 구원자로 믿고 그 말씀에 순종해야 하고, 성령 하나님이 심령 속에 임하셔야 거듭난다.

물에 관한 두 번째 해석이다.

물은 '세례'라고 해석한다. 그래서 가톨릭과 개신교 일부 종파는 세례를 받아야 구원받는다고 말한다.

여기에 관한 성경 말씀을 보겠다.

베드로의 물에 관한 해석

(벧전 3:21) "물은 예수 그리스도께서 부활하심으로 말미암아 이제 너희를 구원하는 표니 곧 세례라 이는 육체의 더러운 것을 제하여 버림이 아니요 하나님을 향한 선한 양심의 간구니라"

베드로의 말을 직역하면 물이 세례이다.

물세례의 의미는 세례 요한이 말하였다. 회개하는 의미이다.

(마 3:11) "나는 너희로 회개하게 하기 위하여 물로 세례를 베풀거니와 내 뒤에 오시는 이는 나보다 능력이 많으시니 나는 그의 신을 들기도 감당하지 못하겠노라 그는 성령과 불로 너희에게 세례를 베푸실 것이요"

(막 1:4) "세례 요한이 광야에 이르러 죄 사함을 받게 하는 회개의 세례를

전파하니"

의역하면 물은 세례처럼 죄를 회개하고 죄 사함 받아 예수 그리스도와 연합하여 십자가에 죽고, 예수님이 부활하심과 같이 부활하여 구원을 받는다는 뜻으로 해석할 수 있다.

(롬 6:3-4) "[3] 무릇 그리스도 예수와 합하여 세례를 받은 우리는 그의 죽으심과 합하여 세례를 받은 줄을 알지 못하느냐

[4] 그러므로 우리가 그의 죽으심과 합하여 세례를 받음으로 그와 함께 장사되었나니 이는 아버지의 영광으로 말미암아 그리스도를 죽은 자 가운데서 살리심과 같이 우리로 또한 새 생명 가운데서 행하게 하려 함이라"

2) 성령의 도우심으로 구원에 이르게 한다

(빌 1:19) "이것이 너희의 간구와 예수 그리스도의 성령의 도우심으로 나를 구원에 이르게 할 줄 아는 고로"

3) 성령의 도우심으로 구원의 인치심을 받는다

(엡 1:13) "그 안에서 너희도 진리의 말씀 곧 너희의 구원의 복음을 듣고 그 안에서 또한 믿어 약속의 성령으로 인치심을 받았으니"

(엡 4:30) "하나님의 성령을 근심하게 하지 말라 그 안에서 너희가 구원의 날까지 인치심을 받았느니라"

4) 성령으로 거룩하게 하시고 진리를 믿어 구원받게 하신다

(살후 2:13) "주께서 사랑하시는 형제들아 우리가 항상 너희에 관하여 마땅히 하나님께 감사할 것은 하나님이 처음부터 너희를 택하사 성령의 거룩하게 하심과 진리를 믿음으로 구원을 받게 하심이니"

5) 우리의 의로운 행위로 구원받지 아니하고 하나님의 긍휼하심과 죄
   씻음과 성령 하나님께서 새롭게 하심으로 구원받는다

(딛 3:5) "우리를 구원하시되 우리가 행한 바 의로운 행위로 말미암지 아
니하고 오직 그의 긍휼하심을 따라 중생의 씻음과 성령의 새롭게 하심으
로 하셨나니"

구원에서 성령 하나님의 역할이 빠지면 안 된다. 매우 중요하다.
그러므로 모든 성도가 성령을 받아야 한다.

5. 구원받은 사람이 지켜야 할 계명이 있다

이 계명을 지키면 구원이 계속 유지되지만, 안 지키면 구원이 상실된
다. 그 이유를 설명하겠다.

1) 하나님 사랑과 이웃 사랑이다

(마 22:35-36) "[35] 그 중의 한 율법사가 예수를 시험하여 묻되 [36]
선생님 율법 중에서 어느 계명이 크니이까"

(마 22:37-40) "[37] 예수께서 이르시되 네 마음을 다하고 목숨을 다하
고 뜻을 다하여 주 너의 하나님을 사랑하라 하셨으니 [38] 이것이 크고
첫째 되는 계명이요 [39] 둘째도 그와 같으니 네 이웃을 네 자신 같이 사
랑하라 하셨으니 [40] 이 두 계명이 온 율법과 선지자의 강령이니라"

예수님은 이 두 계명이 구약에서 말한 율법과 모든 선지자의 말씀
이라고 선포하신다. 그만큼 중요한 말씀이고 핵심이라는 것이다.

2) 누가복음 10장에 어떤 율법교사가 무엇을 해야 영생을 얻을 수 있느냐는 질문을 한다

예수님의 대답은 '회개하라'도 아니고, '죄 사함을 받으라'도 아니고, '나를 믿으라'도 아니었다. '하나님을 사랑하라, 이웃을 사랑하라'고 말씀하셨다.

(눅 10:25-28) "[25] 어떤 율법교사가 일어나 예수를 시험하여 이르되 선생님 내가 무엇을 하여야 영생을 얻으리이까

[26] 예수께서 이르시되 율법에 무엇이라 기록되었으며 네가 어떻게 읽느냐

[27] 대답하여 이르되 네 마음을 다하며 목숨을 다하며 힘을 다하며 뜻을 다하여 주 너의 하나님을 사랑하고 또한 네 이웃을 네 자신 같이 사랑하라 하였나이다

[28] 예수께서 이르시되 네 대답이 옳도다 이를 행하라 그러면 살리라 하시니"

3) 누가복음 18장에 어떤 관리가 영생을 얻고 싶어 예수님을 찾아와 물었다

"선한 선생님이여, 내가 무엇을 하여야 영생을 얻으리이까?"

이 질문에 예수님은 다음과 같이 대답하셨다.

"네가 계명을 아나니 간음하지 말라, 살인하지 말라, 도둑질하지 말라, 거짓 증언하지 말라, 네 부모를 공경하라 하였느니라."

(눅 18:18-23) "[18] 어떤 관리가 물어 이르되 선한 선생님이여 내가 무엇을 하여야 영생을 얻으리이까

[19] 예수께서 이르시되 네가 어찌하여 나를 선하다 일컫느냐 하나님 한 분 외에는 선한 이가 없느니라

[20] 네가 계명을 아나니 간음하지 말라, 살인하지 말라, 도둑질하지 말라, 거짓 증언 하지 말라, 네 부모를 공경하라 하였느니라

[21] 여짜오되 이것은 내가 어려서부터 다 지키었나이다

[22] 예수께서 이 말을 들으시고 이르시되 네게 아직도 한 가지 부족한 것이 있으니 네게 있는 것을 다 팔아 가난한 자들에게 나눠 주라 그리하면 하늘에서 네게 보화가 있으리라 그리고 와서 나를 따르라 하시니

[23] 그 사람이 큰 부자이므로 이 말씀을 듣고 심히 근심하더라"

마태복음에서는 이렇게 기록하고 있다.

(마 19:17-19) "[17] 예수께서 이르시되 어찌하여 선한 일을 내게 묻느냐 선한 이는 오직 한 분이시니라 네가 생명에 들어가려면 계명들을 지키라

[18] 이르되 어느 계명이오니이까 예수께서 이르시되 살인하지 말라, 간음하지 말라, 도둑질하지 말라, 거짓 증언하지 말라

[19] 네 부모를 공경하라, 네 이웃을 네 자신과 같이 사랑하라 하신 것이니라"

이 말씀은 십계명의 5~9계명으로, 이웃 사랑에 관한 계명이다.

(롬 13:9) "간음하지 말라, 살인하지 말라, 도둑질하지 말라, 탐내지 말라 한 것과 그 외에 다른 계명이 있을지라도 네 이웃을 네 자신과 같이 사랑하라 하신 그 말씀 가운데 다 들었느니라"

십계명을 연구해 보면 1~4계명은 하나님을 사랑하라는 계명이고, 5~10계명은 이웃을 사랑하라는 계명이다.

성자 하나님이신 예수님이 이런 말씀을 하셨다면 그 말씀이 맞는 것이다. 성경은 언제나 진리이고 옳고 바르고 참되고 맞다. 이해하고 해석하는 내가 틀린 것이다.

예수님이 영생을 얻기 원하는 사람에게 이렇게 이웃 사랑을 실천하라고 말씀하신 이유가 있다.

4) 마태복음 25장을 이해하면 답이 나온다

예수님의 재림을 기다리는 성도들의 자세에 관하여 말씀하신다.

첫째, 신랑을 기다리는 열 신부 비유
둘째, 달란트 비유
셋째, 양과 염소의 비유

첫째로 열 처녀 비유이다.

열 처녀 이야기는 예수님의 재림을 기다리는 성도의 모습을 비유로 하셨는데, 예수님이 언제 재림하실지 모르니 항상 깨어 준비하고 있으라는 말씀이다.

지혜로운 다섯 처녀는 신앙생활을 철저하게 하고 있어 밤늦게 오셔도 맞이할 준비가 되어 있었다. 그에 반해 미련한 다섯 처녀는 신앙생활을 철저히 하지 않고 안일하게 하고 있다가 신랑이신 예수님을 맞이하지 못한다는 내용이다.

(마 25:1-13) "[1] 그 때에 천국은 마치 등을 들고 신랑을 맞으러 나간 열 처녀와 같다 하리니
[2] 그 중의 다섯은 미련하고 다섯은 슬기 있는 자라
[3] 미련한 자들은 등을 가지되 기름을 가지지 아니하고
[4] 슬기 있는 자들은 그릇에 기름을 담아 등과 함께 가져갔더니
[5] 신랑이 더디 오므로 다 졸며 잘새
[6] 밤중에 소리가 나되 보라 신랑이로다 맞으러 나오라 하매

[7] 이에 그 처녀들이 다 일어나 등을 준비할새

[8] 미련한 자들이 슬기 있는 자들에게 이르되 우리 등불이 꺼져가니 너희 기름을 좀 나눠 달라 하거늘

[9] 슬기 있는 자들이 대답하여 이르되 우리와 너희가 쓰기에 다 부족할까 하노니 차라리 파는 자들에게 가서 너희 쓸 것을 사라 하니

[10] 그들이 사러 간 사이에 신랑이 오므로 준비하였던 자들은 함께 혼인 잔치에 들어가고 문은 닫힌지라

[11] 그 후에 남은 처녀들이 와서 이르되 주여 주여 우리에게 열어 주소서

[12] 대답하여 이르되 진실로 너희에게 이르노니 내가 너희를 알지 못하노라 하였느니라

[13] 그런즉 깨어 있으라 너희는 그 날과 그 때를 알지 못하느니라"

둘째로 달란트 비유이다.

어떤 주인이 각 재능대로 달란트를 맡기고 떠났다가 몇 년 후에 돌아와 결산을 하였다. 5달란트와 2달란트 맡은 종은 열심히 일하여 각각 배를 남겼다. 주인이 감독하지 않았어도 열심히 일하고 주인에게 충성한 것이다. 그래서 주인이 그들을 칭찬하였고 상급을 주었다.

(마 25:14-23) "[14] 또 어떤 사람이 타국에 갈 때 그 종들을 불러 자기 소유를 맡김과 같으니

[15] 각각 그 재능대로 한 사람에게는 금 다섯 달란트를, 한 사람에게는 두 달란트를, 한 사람에게는 한 달란트를 주고 떠났더니

[16] 다섯 달란트 받은 자는 바로 가서 그것으로 장사하여 또 다섯 달란트를 남기고

[17] 두 달란트 받은 자도 그같이 하여 또 두 달란트를 남겼으되

[18] 한 달란트 받은 자는 가서 땅을 파고 그 주인의 돈을 감추어 두었더니

[19] 오랜 후에 그 종들의 주인이 돌아와 그들과 결산할새

[20] 다섯 달란트 받았던 자는 다섯 달란트를 더 가지고 와서 이르되 주인이여 내게 다섯 달란트를 주셨는데 보소서 내가 또 다섯 달란트를 남겼나이다

[21] 그 주인이 이르되 잘하였도다 착하고 충성된 종아 네가 적은 일에 충성하였으매 내가 많은 것을 네게 맡기리니 네 주인의 즐거움에 참여할지어다 하고

[22] 두 달란트 받았던 자도 와서 이르되 주인이여 내게 두 달란트를 주셨는데 보소서 내가 또 두 달란트를 남겼나이다

[23] 그 주인이 이르되 잘하였도다 착하고 충성된 종아 네가 적은 일에 충성하였으매 내가 많은 것을 네게 맡기리니 네 주인의 즐거움에 참여할지어다 하고"

그러나 1달란트 맡은 사람은 일하지 않고 달란트를 땅에 묻어두었다가 주인이 결산하고자 할 때 처음 받은 1달란트 그대로 가지고 왔다. 주인은 그를 꾸짖으며 심판하였다.

(마 25:24-30) "[24] 한 달란트 받았던 자는 와서 이르되 주인이여 당신은 굳은 사람이라 심지 않은 데서 거두고 헤치지 않은 데서 모으는 줄을 내가 알았으므로

[25] 두려워하여 나가서 당신의 달란트를 땅에 감추어 두었었나이다 보소서 당신의 것을 가지셨나이다

[26] 그 주인이 대답하여 이르되 악하고 게으른 종아 나는 심지 않은 데서 거두고 헤치지 않은 데서 모으는 줄로 네가 알았느냐

[27] 그러면 네가 마땅히 내 돈을 취리하는 자들에게나 맡겼다가 내가 돌아와서 내 원금과 이자를 받게 하였을 것이니라 하고

[28] 그에게서 그 한 달란트를 빼앗아 열 달란트 가진 자에게 주라

[29] 무릇 있는 자는 받아 풍족하게 되고 없는 자는 그 있는 것까지 빼앗기리라

[30] 이 무익한 종을 바깥 어두운 데로 내쫓으라 거기서 슬피 울며 이를 갈리라 하니라"

이 말씀은 예수님이 재림하실 때 하나님께 충성하여 일을 열심히 한 사람들에게는 칭찬과 상급을 주시고, 주인이 보이지 않는다고 게으름을 피우며 일하지 않은 종은 심판하여 지옥으로 보낸다는 비유이다.

다시 설명하면 예수님이 재림하실 때 모든 사람은 결산을 해야 하는데, 사람의 주인이신 하나님을 사랑하고 헌신과 충성으로 섬긴 사람들은 구원받아 하나님 나라에 들어가 즐거움에 참여한다.

그러나 하나님을 사랑하지 않고, 헌신과 충성도 하지 않고 편하게 세상 것을 즐기고 산 사람은 슬피 울며 이를 가는 곳으로 간다는 말씀이다.

이 비유는 하나님 사랑에 관한 비유이다. 자기 일이 아니라 주인의 일을 하는 비유이다.

셋째로 양과 염소의 비유이다.

이 비유는 이웃 사랑에 관한 비유이다.

현재 생활 속에서 이웃을 사랑했느냐 안 했느냐에 따라 구원받느냐 못 받느냐로 나누어지는 비유이다.

예수님이 재림하실 때 사람들을 양의 무리와 염소의 무리로 나눈다고 하신다. 양의 무리는 평상시에 이웃 사랑을 실천하면서 살아온 그룹이고, 염소의 무리는 평상시에 이웃 사랑을 실천하지 않은 그룹이다. 인자이신 예수님이 재림하실 때 공의롭게 판단하고 심판하시는 장면이다.

우리는 어떤 무리에 설 것 같은가? 두려워하고 떨어야 한다.

(마 25:31-46) "[31] 인자가 자기 영광으로 모든 천사와 함께 올 때에 자기 영광의 보좌에 앉으리니

[32] 모든 민족을 그 앞에 모으고 각각 구분하기를 목자가 양과 염소를 구분하는 것 같이 하여

[33] 양은 그 오른편에 염소는 왼편에 두리라

[34] 그 때에 임금이 그 오른편에 있는 자들에게 이르시되 내 아버지께 복 받을 자들이여 나아와 창세로부터 너희를 위하여 예비된 나라를 상속받으라

[35] 내가 주릴 때에 너희가 먹을 것을 주었고 목마를 때에 마시게 하였고 나그네 되었을 때에 영접하였고

[36] 헐벗었을 때에 옷을 입혔고 병들었을 때에 돌보았고 옥에 갇혔을 때에 와서 보았느니라

[37] 이에 의인들이 대답하여 이르되 주여 우리가 어느 때에 주께서 주리신 것을 보고 음식을 대접하였으며 목마르신 것을 보고 마시게 하였나이까

[38] 어느 때에 나그네 되신 것을 보고 영접하였으며 헐벗으신 것을 보고 옷 입혔나이까

[39] 어느 때에 병드신 것이나 옥에 갇히신 것을 보고 가서 뵈었나이까 하리니

[40] 임금이 대답하여 이르시되 내가 진실로 너희에게 이르노니 너희가 여기 내 형제 중에 지극히 작은 자 하나에게 한 것이 곧 내게 한 것이니라 하시고

[41] 또 왼편에 있는 자들에게 이르시되 저주를 받은 자들아 나를 떠나 마귀와 그 사자들을 위하여 예비된 영원한 불에 들어가라

[42] 내가 주릴 때에 너희가 먹을 것을 주지 아니하였고 목마를 때에 마시게 하지 아니하였고

[43] 나그네 되었을 때에 영접하지 아니하였고 헐벗었을 때에 옷 입히지 아니하였고 병들었을 때와 옥에 갇혔을 때에 돌보지 아니하였느니라 하시니

[44] 그들도 대답하여 이르되 주여 우리가 어느 때에 주께서 주리신 것이나 목마르신 것이나 나그네 되신 것이나 헐벗으신 것이나 병드신 것이나 옥에 갇히신 것을 보고 공양하지 아니하더이까

[45] 이에 임금이 대답하여 이르시되 내가 진실로 너희에게 이르노니 이 지극히 작은 자 하나에게 하지 아니한 것이 곧 내게 하지 아니한 것이니라 하시리니

[46] 그들은 영벌에, 의인들은 영생에 들어가리라 하시니라"

이 세 가지 비유는 불신자에게 하신 말씀이 아니다. 하나님을 믿는 성도들에게 하신 말씀이다.

기독교인들에게 예수님의 심판 때 어떤 신앙으로 살면서 준비해야 할 것인지를 잘 알려주는 말씀이다. 준비된 신앙은 언제 오셔도 상관없이 구원받지만 준비되지 못한 사람은 지옥에 간다는 경고의 말씀이다.

구원받은 사람은 마음을 다하고 목숨을 다하고 힘을 다하고 뜻을

다하여 하나님을 사랑하는 마음으로 헌신하고 충성하며 계명을 지켜야 한다. 그리고 어려운 이웃을 보았을 때 도울 수 있으면 구경만 하지 말고 도와야 한다. 이웃을 내 몸 같이 사랑하려고 노력해야 한다.

절대로 이웃에게 피해를 주는 행위를 하면 안 된다. 죄가 되어 심판받게 된다.

(롬 13:10) "사랑은 이웃에게 악을 행하지 아니하나니 그러므로 사랑은 율법의 완성이니라"

앞에서 '어떻게 영생을 얻는가' 하는 질문에 '하나님을 사랑하고 이웃을 사랑하면 얻는다'는 예수님의 말씀이 사실이라는 것이다.

자신의 삶을 돌아보라. 예수님을 믿고 하나님을 말씀대로 사랑했는가? 그리고 이웃을 사랑했는가?

그렇게 하지 않았다면 자신이 구원받았다는 확신을 가지고 있어도 구원을 상실할 수 있다.

6. 성도는 죄를 깨닫고 회개할 줄 알아야 한다

1) 성령 하나님이 함께하는 사람은 죄를 지으면 마음에 예수님의 말씀을 깨닫게 하여 회개시키신다

(요 14:26) "보혜사 곧 아버지께서 내 이름으로 보내실 성령 그가 너희에게 모든 것을 가르치고 내가 너희에게 말한 모든 것을 생각나게 하리라"

2) 그러면 즉시 회개하고 새롭게 되어야 한다

(행 3:19) "그러므로 너희가 회개하고 돌이켜 너희 죄 없이 함을 받으라 이같이 하면 새롭게 되는 날이 주 앞으로부터 이를 것이요"

(잠 28:13) 자기의 죄를 숨기는 자는 형통하지 못하나 죄를 자복하고 버리는 자는 불쌍히 여김을 받으리라"

3) 회개에 합당한 열매를 맺어야 한다

(행 26:20) "먼저 다메섹과 예루살렘에 있는 사람과 유대 온 땅과 이방인에게까지 회개하고 하나님께로 돌아와서 회개에 합당한 일을 하라 전하므로"

(마 3:8) "그러므로 회개에 합당한 열매를 맺고"

회개는 자신의 죄성을 고치는 유일한 방법이다. 회개를 잘하면 하나님이 원하시는 성품, 기뻐하시는 사람이 된다.

4) 회개하지 않고 쌓아두면 마음이 굳어버린다

(딤전 4:2) "자기 양심이 화인을 맞아서 외식함으로 거짓말하는 자들이라"

회개하지 않고 쌓아두면 마음이 무뎌져 나중에는 죄인 줄도 모르게 된다. 당연히 회개도 안 한다. 그렇게 되면 성령님이 떠나신다.

5) 회개를 잘하면 마음이 청결해지고 하나님의 살아계심을 많이 경험한다

(마 5:8) "마음이 청결한 자는 복이 있나니 그들이 하나님을 볼 것임이요"

(딤전 1:5) "이 교훈의 목적은 청결한 마음과 선한 양심과 거짓이 없는 믿음에서 나오는 사랑이거늘"

6) 회개를 잘하고 새사람이 되면 사람들에게 칭찬을 받는다

(롬 14:18) "이로써 그리스도를 섬기는 자는 하나님을 기쁘시게 하며 사람에게도 칭찬을 받느니라"

7) 회개하지 않으면 구원받지 못한다

(롬 2:5) "다만 네 고집과 회개하지 아니한 마음을 따라 진노의 날 곧 하나님의 의로우신 심판이 나타나는 그 날에 임할 진노를 네게 쌓는도다"

(히 6:6) "타락한 자들은 다시 새롭게 하여 회개하게 할 수 없나니 이는 그들이 하나님의 아들을 다시 십자가에 못 박아 드러내 놓고 욕되게 함이라"

(계 9:20) "이 재앙에 죽지 않고 남은 사람들은 손으로 행한 일을 회개하지 아니하고 오히려 여러 귀신과 또는 보거나 듣거나 다니거나 하지 못하는 금, 은, 동과 목석의 우상에게 절하고"

(계 9:21) "또 그 살인과 복술과 음행과 도둑질을 회개하지 아니하더라"

(계 16:9) "사람들이 크게 태움에 태워진지라 이 재앙들을 행하는 권세를 가지신 하나님의 이름을 비방하며 또 회개하지 아니하고 주께 영광을 돌리지 아니하더라"

07 은혜 구원은 무엇인가?

사람은 하나님의 은혜로 구원받는다.

1. 사람은 죄가 많다

　죄가 너무 많아서 사람의 행실로는 구원받을 수 없다. 착하게 살고 선을 행하여도 그것은 일부분만 선할 뿐이지 그 외의 것은 모두 죄이다. 제2장에서 사람은 수많은 죄를 지어서 죗값으로 영벌 받을 수 밖에 없다는 것을 설명하였다. 아무리 선한 행동을 해도 그 행함으로 구원받을 수 없다.

2. 성경은 '구원은 은혜로 받는다'고 말씀하신다

　(행 15:11) "그러나 우리는 그들이 우리와 동일하게 주 예수의 은혜로 구원 받는 줄을 믿노라 하니라"

　(엡 2:5) "허물로 죽은 우리를 그리스도와 함께 살리셨고 (너희는 은혜로 구원을 받은 것이라)"

　(엡 2:8) "너희는 그 은혜에 의하여 믿음으로 말미암아 구원을 받았으니 이것은 너희에게서 난 것이 아니요 하나님의 선물이라"

(딤후 1:9) "하나님이 우리를 구원하사 거룩하신 소명으로 부르심은 우리의 행위대로 하심이 아니요 오직 자기의 뜻과 영원 전부터 그리스도 예수 안에서 우리에게 주신 은혜대로 하심이라"

(딛 2:11) "모든 사람에게 구원을 주시는 하나님의 은혜가 나타나"

3. 은혜로 구원받는다는 뜻은 무엇인가?

1) 죗값으로 영벌 받는 곳으로 가는데, 하나님이 죄를 용서해 주시고 구원받을 계획을 세우신 것이 은혜이다.

2) 영벌 받을 죄인을 구원하시려고 인간의 몸으로 오셔서 십자가에서 대속해 주신 것이 은혜이다.

3) 우리가 하나님을 모르고 죄인이었을 때 하나님의 사랑으로 구원해 주시니 하나님의 은혜이다.

4) 죄인이 참된 회개만 하면, 성령 하나님이 임하여 주시고 죄를 깨닫게 하여 회개 기도하게 하시니 하나님의 은혜이다.

5) 죄인을 구원해 주신 것도 감사한데, 하늘의 상급 주시려고 일꾼으로 사용해 주시니 하나님의 은혜이다.

6) 하나님을 믿고서도 죄를 범하는 것이 많은데, 회개하면 용서해 주시니 하나님의 은혜이다.

7) 성령 하나님이 믿음을 주셔서 세상을 믿음으로 살아가게 하시니 하나님의 은혜이다.

8) 죄인에게 가족도 주시고 일용할 양식도 주시고 교회생활 잘하게 하시니 하나님의 은혜이다.

9) 내가 사는 것이 모두 하나님의 은혜이고, 구원받는 것도 100% 하나님의 은혜이다.

구약과 신약 시대에도 은혜로 구원받았다.

구약 시대에도 율법을 지키는 것으로 구원받지 못했다. 모두가 하나님의 특별한 은혜로 구원받은 것이다.

아브라함도 하나님의 은혜로 구원받았다.

모세도 하나님의 은혜로 구원받았다.

다윗도 하나님의 은혜로 구원받았다.

룻도 하나님의 은혜로 구원받았다.

신약 시대에서도 행위로 구원받지 못한다. 오직 하나님의 특별한 은혜로 구원받는다.

베드로도 하나님의 은혜로 구원받았다.

마태도 하나님의 은혜로 구원받았다.

사도 바울도 하나님의 은혜로 구원받았다.

우리도 하나님의 은혜로 구원받는다.

요약하면 다음과 같다.

구원은 창세 이후로 하나님의 은혜로 받는다.

율법 이전 시대에도 믿음을 보시고 은혜로 구원해 주셨다.

율법 이후 시대에도 믿음을 보시고 은혜로 구원해 주셨다.

신약시대도 믿음을 보시고 은혜로 구원해 주신다.

(엡 2:8) "너희는 그 은혜에 의하여 믿음으로 말미암아 구원을 받았으니 이것은 너희에게서 난 것이 아니요 하나님의 선물이라"

하나님은 어제나 오늘이나 동일하시고 주시는 은혜도 같다. 그런데 사람이 성경을 잘못 이해하여 구원이 시대에 따라 다르다고 잘못 말한 것이다.

하나님은 살아계시고 영원하시고 언제나 같은 말씀을 하고 계신다.
(히 13:8) "예수 그리스도는 어제나 오늘이나 영원토록 동일하시니라"

08 구원받은 사람들

예수님은 죄인을 구원하러 왔다고 말씀하셨다.

유대인은 아브라함의 후손과 할례받은 자만 구원받는 줄로 알았다. 그러나 잘못 알고 있었다.

1. 죄인이 구원받았다

1) 간음한 현장에서 잡혀 온 여인

(요 8:3-11) "[3] 서기관들과 바리새인들이 음행 중에 잡힌 여자를 끌고 와서 가운데 세우고

[4] 예수께 말하되 선생이여 이 여자가 간음하다가 현장에서 잡혔나이다

[5] 모세는 율법에 이러한 여자를 돌로 치라 명하였거니와 선생은 어떻게 말하겠나이까…

[7] 그들이 묻기를 마지 아니하는지라 이에 일어나 이르시되 너희 중에 죄 없는 자가 먼저 돌로 치라 하시고…

[10] 예수께서 일어나사 여자 외에 아무도 없는 것을 보시고 이르시되 여자여 너를 고발하던 그들이 어디 있느냐 너를 정죄한 자가 없느냐

[11] 대답하되 주여 없나이다 예수께서 이르시되 나도 너를 정죄하지 아니하노니 가서 다시는 죄를 범하지 말라 하시니라"

2) 여섯 번째 남자와 살고 있는 사마리아 우물가 여인

(요 4:17-18) "[17] 여자가 대답하여 이르되 나는 남편이 없나이다 예수께서 이르시되 네가 남편이 없다 하는 말이 옳도다

[18] 너에게 남편 다섯이 있었고 지금 있는 자도 네 남편이 아니니 네 말이 참되도다"

(요 4:39-42) "[39] 여자의 말이 내가 행한 모든 것을 그가 내게 말하였다 증언하므로 그 동네 중에 많은 사마리아인이 예수를 믿는지라

[40] 사마리아인들이 예수께 와서 자기들과 함께 유하시기를 청하니 거기서 이틀을 유하시매

[41] 예수의 말씀으로 말미암아 믿는 자가 더욱 많아

[42] 그 여자에게 말하되 이제 우리가 믿는 것은 네 말로 인함이 아니니 이는 우리가 친히 듣고 그가 참으로 세상의 구주신 줄 앎이라 하였더라"

3) 일곱 귀신 들린 막달라 마리아

(눅 8:2-3) "[2] 또한 악귀를 쫓아내심과 병 고침을 받은 어떤 여자들 곧 일곱 귀신이 나간 자 막달라인이라 하는 마리아와

[3] 헤롯의 청지기 구사의 아내 요안나와 수산나와 다른 여러 여자가 함께 하여 자기들의 소유로 그들을 섬기더라"

4) 문둥병 걸린 사마리아인

(눅 17:15-19) "[15] 그 중의 한 사람이 자기가 나은 것을 보고 큰 소리로 하나님께 영광을 돌리며 돌아와

[16] 예수의 발 아래에 엎드리어 감사하니 그는 사마리아 사람이라

[17] 예수께서 대답하여 이르시되 열 사람이 다 깨끗함을 받지 아니하였느냐 그 아홉은 어디 있느냐

[18] 이 이방인 외에는 하나님께 영광을 돌리러 돌아온 자가 없느냐 하시고

[19] 그에게 이르시되 일어나 가라 네 믿음이 너를 구원하였느니라 하시더라"

2. 이방인이 구원받았다

1) 헬라인 수로보니게 여인의 딸

(막 7:25-30) "[25] 이에 더러운 귀신 들린 어린 딸을 둔 한 여자가 예수의 소문을 듣고 곧 와서 그 발 아래에 엎드리니

[26] 그 여자는 헬라인이요 수로보니게 족속이라 자기 딸에게서 귀신 쫓아내 주시기를 간구하거늘

[27] 예수께서 이르시되 자녀로 먼저 배불리 먹게 할지니 자녀의 떡을 취하여 개들에게 던짐이 마땅치 아니하니라

[28] 여자가 대답하여 이르되 주여 옳소이다마는 상 아래 개들도 아이들이 먹던 부스러기를 먹나이다

[29] 예수께서 이르시되 이 말을 하였으니 돌아가라 귀신이 네 딸에게서 나갔느니라 하시매

[30] 여자가 집에 돌아가 본즉 아이가 침상에 누웠고 귀신이 나갔더라"

2) 고넬료 백부장 가족

(행 10:1-48) "[1] 가이사랴에 고넬료라 하는 사람이 있으니 이달리야 부대라 하는 군대의 백부장이라

[2] 그가 경건하여 온 집안과 더불어 하나님을 경외하며 백성을 많이 구제하고 하나님께 항상 기도하더니…

[44] 베드로가 이 말을 할 때에 성령이 말씀 듣는 모든 사람에게 내려오시니

[45] 베드로와 함께 온 할례 받은 신자들이 이방인들에게도 성령 부어 주심으로 말미암아 놀라니

[46] 이는 방언을 말하며 하나님 높임을 들음이러라

[47] 이에 베드로가 이르되 이 사람들이 우리와 같이 성령을 받았으니 누가 능히 물로 세례 베풂을 금하리요 하고

[48] 명하여 예수 그리스도의 이름으로 세례를 베풀라 하니라 그들이 베드로에게 며칠 더 머물기를 청하니라"

3. 일반인도 구원받았다

1) 베다니의 부자 나사로의 가족(마르다, 마리아)

(요 11:43-44) "[43] 이 말씀을 하시고 큰 소리로 나사로야 나오라 부르시니 [44] 죽은 자가 수족을 베로 동인 채로 나오는데 그 얼굴은 수건에 싸였더라 예수께서 이르시되 풀어 놓아 다니게 하라 하시니라"

2) 회당장 야이로

(눅 8:41-55) "[41] 이에 회당장인 야이로라 하는 사람이 와서 예수의 발 아래에 엎드려 자기 집에 오시기를 간구하니

[42] 이는 자기에게 열두 살 된 외딸이 있어 죽어감이러라 예수께서 가실 때에 무리가 밀려들더라…

[52] 모든 사람이 아이를 위하여 울며 통곡하매 예수께서 이르시되 울지 말라 죽은 것이 아니라 잔다 하시니

[53] 그들이 그 죽은 것을 아는 고로 비웃더라

[54] 예수께서 아이의 손을 잡고 불러 이르시되 아이야 일어나라 하시니

[55] 그 영이 돌아와 아이가 곧 일어나거늘 예수께서 먹을 것을 주라 명하시니"

3) 십자가 위의 한쪽 강도

(눅 23:41-43) "[41] 우리는 우리가 행한 일에 상당한 보응을 받는 것이니 이에 당연하거니와 이 사람이 행한 것은 옳지 않은 것이 없느니라 하고

[42] 이르되 예수여 당신의 나라에 임하실 때에 나를 기억하소서 하니

[43] 예수께서 이르시되 내가 진실로 네게 이르노니 오늘 네가 나와 함께 낙원에 있으리라 하시니라"

하나님은 진심으로 예수님을 영접하고 섬기는 자들은 모두 구원해 주셨다. 우리도 그들처럼 예수님을 진심으로 믿고 그의 가르침을 따르면 구원받는다.

09 구원받지 못한 사람들

　우리가 조심해야 할 신앙과 그런 신앙을 갖고 있는 사람들이다. 예수님
이 구원받지 못한다고 말씀하시면 못 받는다.

　구원받지 못하는 무리에 속하지 않도록 확실하게 예수님을 믿고 따라야
한다. 예수님이 경고하신 말씀을 경각심을 가지고 들으며 고쳐야 한다.

1) 형제에게 욕하는 사람은 지옥불에 들어간다

(마 5:22) "나는 너희에게 이르노니 형제에게 노하는 자마다 심판을 받게
되고 형제를 대하여 라가라 하는 자는 공회에 잡혀가게 되고 미련한 놈이라
하는 자는 지옥 불에 들어가게 되리라"

2) 용서받으려면 형제를 먼저 용서해야 한다

(마 6:14-15) "[14] 너희가 사람의 잘못을 용서하면 너희 하늘 아버지께서
도 너희 잘못을 용서하시려니와

[15] 너희가 사람의 잘못을 용서하지 아니하면 너희 아버지께서도 너희 잘
못을 용서하지 아니하시리라"

3) 형제를 용서하고 기도해야 내 죄도 용서받는다

(마 6:12) "우리가 우리에게 죄 지은 자를 사하여 준 것 같이 우리 죄를 사하여 주시옵고"

(마 18:21-35) "[21] 그 때에 베드로가 나아와 이르되 주여 형제가 내게 죄를 범하면 몇 번이나 용서하여 주리이까 일곱 번까지 하오리이까

[22] 예수께서 이르시되 네게 이르노니 일곱 번뿐 아니라 일곱 번을 일흔 번까지라도 할지니라

[23] 그러므로 천국은 그 종들과 결산하려 하던 어떤 임금과 같으니

[24] 결산할 때에 만 달란트 빚진 자 하나를 데려오매

[25] 갚을 것이 없는지라 주인이 명하여 그 몸과 아내와 자식들과 모든 소유를 다 팔아 갚게 하라 하니

[26] 그 종이 엎드려 절하며 이르되 내게 참으소서 다 갚으리이다 하거늘

[27] 그 종의 주인이 불쌍히 여겨 놓아 보내며 그 빚을 탕감하여 주었더니

[28] 그 종이 나가서 자기에게 백 데나리온 빚진 동료 한 사람을 만나 붙들어 목을 잡고 이르되 빚을 갚으라 하매

[29] 그 동료가 엎드려 간구하여 이르되 나에게 참아 주소서 갚으리이다 하되

[30] 허락하지 아니하고 이에 가서 그가 빚을 갚도록 옥에 가두거늘

[31] 그 동료들이 그것을 보고 몹시 딱하게 여겨 주인에게 가서 그 일을 다 알리니

[32] 이에 주인이 그를 불러다가 말하되 악한 종아 네가 빌기에 내가 네 빚을 전부 탕감하여 주었거늘

[33] 내가 너를 불쌍히 여김과 같이 너도 네 동료를 불쌍히 여김이 마땅하지 아니하냐 하고

[34] 주인이 노하여 그 빚을 다 갚도록 그를 옥졸들에게 넘기니라

[35] 너희가 각각 마음으로부터 형제를 용서하지 아니하면 나의 하늘 아버지께서도 너희에게 이와 같이 하시리라"

4) 거짓 선지자가 되지 말라

(마 7:15-21) "[15] 거짓 선지자들을 삼가라 양의 옷을 입고 너희에게 나아오나 속에는 노략질하는 이리라

[16] 그들의 열매로 그들을 알지니 가시나무에서 포도를, 또는 엉겅퀴에서 무화과를 따겠느냐

[17] 이와 같이 좋은 나무마다 아름다운 열매를 맺고 못된 나무가 나쁜 열매를 맺나니

[18] 좋은 나무가 나쁜 열매를 맺을 수 없고 못된 나무가 아름다운 열매를 맺을 수 없느니라

[19] 아름다운 열매를 맺지 아니하는 나무마다 찍혀 불에 던져지느니라

[20] 이러므로 그들의 열매로 그들을 알리라

[21] 나더러 주여 주여 하는 자마다 다 천국에 들어갈 것이 아니요 다만 하늘에 계신 내 아버지의 뜻대로 행하는 자라야 들어가리라"

(마 24:24) "거짓 그리스도들과 거짓 선지자들이 일어나 큰 표적과 기사를 보여 할 수만 있으면 택하신 자들도 미혹하리라"

5) 권능을 행하고 귀신을 쫓아내도 하나님의 법을 어기면 지옥 간다

(마 7:21-23) "[21] 나더러 주여 주여 하는 자마다 다 천국에 들어갈 것이 아니요 다만 하늘에 계신 내 아버지의 뜻대로 행하는 자라야 들어가리라

[22] 그 날에 많은 사람이 나더러 이르되 주여 주여 우리가 주의 이름으로

선지자 노릇 하며 주의 이름으로 귀신을 쫓아 내며 주의 이름으로 많은 권능을 행하지 아니하였나이까 하리니

[23] 그 때에 내가 그들에게 밝히 말하되 내가 너희를 도무지 알지 못하니 불법을 행하는 자들아 내게서 떠나가라 하리라"

6) 모래 위에 집을 짓지 말라

(마 7:26-27) "[26] 나의 이 말을 듣고 행하지 아니하는 자는 그 집을 모래 위에 지은 어리석은 사람 같으리니

[27] 비가 내리고 창수가 나고 바람이 불어 그 집에 부딪치매 무너져 그 무너짐이 심하니라"

7) 몸과 영혼을 지옥으로 보내는 하나님을 두려워해야 한다

(마 10:28) "몸은 죽여도 영혼은 능히 죽이지 못하는 자들을 두려워하지 말고 오직 몸과 영혼을 능히 지옥에 멸하실 수 있는 이를 두려워하라"

8) 성령을 모독하는 사람은 사하심을 얻지 못한다

(마 12:31-32) "[31] 그러므로 내가 너희에게 이르노니 사람에 대한 모든 죄와 모독은 사하심을 얻되 성령을 모독하는 것은 사하심을 얻지 못하겠고

[32] 또 누구든지 말로 인자를 거역하면 사하심을 얻되 누구든지 말로 성령을 거역하면 이 세상과 오는 세상에서도 사하심을 얻지 못하리라"

9) '너희 입에서 나오는 말로 심판을 받으리라' 말씀하셨다

(마 12:34-37) "[34] 독사의 자식들아 너희는 악하니 어떻게 선한 말을 할 수 있느냐 이는 마음에 가득한 것을 입으로 말함이라

[35] 선한 사람은 그 쌓은 선에서 선한 것을 내고 악한 사람은 그 쌓은 악에서 악한 것을 내느니라

[36] 내가 너희에게 이르노니 사람이 무슨 무익한 말을 하든지 심판 날에 이에 대하여 심문을 받으리니

[37] 네 말로 의롭다 함을 받고 네 말로 정죄함을 받으리라"

10) 길가, 돌밭, 가시밭과 같은 마음과 성품을 가진 자는 구원받지 못한다

(마 13:19-23) "[19] 아무나 천국 말씀을 듣고 깨닫지 못할 때는 악한 자가 와서 그 마음에 뿌려진 것을 빼앗나니 이는 곧 길 가에 뿌려진 자요

[20] 돌밭에 뿌려졌다는 것은 말씀을 듣고 즉시 기쁨으로 받되

[21] 그 속에 뿌리가 없어 잠시 견디다가 말씀으로 말미암아 환난이나 박해가 일어날 때에는 곧 넘어지는 자요

[22] 가시떨기에 뿌려졌다는 것은 말씀을 들으나 세상의 염려와 재물의 유혹에 말씀이 막혀 결실하지 못하는 자요

[23] 좋은 땅에 뿌려졌다는 것은 말씀을 듣고 깨닫는 자니 결실하여 어떤 것은 백 배, 어떤 것은 육십 배, 어떤 것은 삼십 배가 되느니라 하시더라"

11) 가라지도 구원받지 못한다

(마 13:30) "둘 다 추수 때까지 함께 자라게 두라 추수 때에 내가 추수꾼들에게 말하기를 가라지는 먼저 거두어 불사르게 단으로 묶고 곡식은 모아 내

곳간에 넣으라 하리라"

(마 13:39-42) "[39] 가라지를 뿌린 원수는 마귀요 추수 때는 세상 끝이요 추수꾼은 천사들이니

[40] 그런즉 가라지를 거두어 불에 사르는 것 같이 세상 끝에도 그러하리라

[41] 인자가 그 천사들을 보내리니 그들이 그 나라에서 모든 넘어지게 하는 것과 또 불법을 행하는 자들을 거두어 내어

[42] 풀무 불에 던져 넣으리니 거기서 울며 이를 갈게 되리라"

12) 악인들도 구원받지 못한다

(마 13:49-50) "[49] 세상 끝에도 이러하리라 천사들이 와서 의인 중에서 악인을 갈라 내어

[50] 풀무 불에 던져 넣으리니 거기서 울며 이를 갈리라"

13) 전통을 지키고 하나님의 말씀을 어기면 지옥 간다

(마 15:8-9) "[8] 이 백성이 입술로는 나를 공경하되 마음은 내게서 멀도다

[9] 사람의 계명으로 교훈을 삼아 가르치니 나를 헛되이 경배하는도다 하였느니라 하시고"

14) 맹인이 맹인을 인도해도 둘 다 지옥 간다

(마 15:14) "그냥 두라 그들은 맹인이 되어 맹인을 인도하는 자로다 만일 맹인이 맹인을 인도하면 둘이 다 구덩이에 빠지리라 하시니"

15) 책망받은 사람은 구원받지 못한다

　예수님께 신앙을 인정받지 못하고 책망받은 사람은 구원받지 못한다. 요한계시록에 일곱 교회 중 네 교회가 책망받았고 한 교회는 죽은 교회라고 말씀하고 있다. 그래서 책망받은 교회는 죽은 교회를 포함하면 다섯 교회가 된다. 그들은 회개하지 않으면 들림도 못받고 구원도 받지 못한다고 말씀하고 있다.

　(계 2:4-5) "[4] 그러나 너를 책망할 것이 있나니 너의 처음 사랑을 버렸느니라 [5] 그러므로 어디서 떨어졌는지를 생각하고 회개하여 처음 행위를 가지라 만일 그리하지 아니하고 회개하지 아니하면 내가 네게 가서 네 촛대를 그 자리에서 옮기리라"

　(계 3:19) "무릇 내가 사랑하는 자를 책망하여 징계하노니 그러므로 네가 열심을 내라 회개하라"

16) 바리새인과 서기관과 같은 신앙을 가진 사람은 구원받지 못한다

　(마 23:1-33) "[1] 이에 예수께서 무리와 제자들에게 말씀하여 이르시되
[2] 서기관들과 바리새인들이 모세의 자리에 앉았으니…
[4] 또 무거운 짐을 묶어 사람의 어깨에 지우되 자기는 이것을 한 손가락으로도 움직이려 하지 아니하며…
[6] 잔치의 윗자리와 회당의 높은 자리와
[7] 시장에서 문안 받는 것과 사람에게 랍비라 칭함을 받는 것을 좋아하느니라
[8] 그러나 너희는 랍비라 칭함을 받지 말라 너희 선생은 하나요 너희는 다 형제니라…

[13] 화 있을진저 외식하는 서기관들과 바리새인들이여 너희는 천국 문을 사람들 앞에서 닫고 너희도 들어가지 않고 들어가려 하는 자도 들어가지 못하게 하는도다…

[15] 화 있을진저 외식하는 서기관들과 바리새인들이여 너희는 교인 한 사람을 얻기 위하여 바다와 육지를 두루 다니다가 생기면 너희보다 배나 더 지옥 자식이 되게 하는도다

[16] 화 있을진저 눈 먼 인도자여 너희가 말하되 누구든지 성전으로 맹세하면 아무 일 없거니와 성전의 금으로 맹세하면 지킬지라 하는도다

[17] 어리석은 맹인들이여 어느 것이 크냐 그 금이냐 그 금을 거룩하게 하는 성전이냐

[18] 너희가 또 이르되 누구든지 제단으로 맹세하면 아무 일 없거니와 그 위에 있는 예물로 맹세하면 지킬지라 하는도다…

[23] 화 있을진저 외식하는 서기관들과 바리새인들이여 너희가 박하와 회향과 근채의 십일조는 드리되 율법의 더 중한 바 정의와 긍휼과 믿음은 버렸도다 그러나 이것도 행하고 저것도 버리지 말아야 할지니라

[24] 맹인 된 인도자여 하루살이는 걸러 내고 낙타는 삼키는도다

[25] 화 있을진저 외식하는 서기관들과 바리새인들이여 잔과 대접의 겉은 깨끗이 하되 그 안에는 탐욕과 방탕으로 가득하게 하는도다

[26] 눈 먼 바리새인이여 너는 먼저 안을 깨끗이 하라 그리하면 겉도 깨끗하리라

[27] 화 있을진저 외식하는 서기관들과 바리새인들이여 회칠한 무덤 같으니 겉으로는 아름답게 보이나 그 안에는 죽은 사람의 뼈와 모든 더러운 것이 가득하도다

[28] 이와 같이 너희도 겉으로는 사람에게 옳게 보이되 안으로는 외식과 불

법이 가득하도다…

[33] 뱀들아 독사의 새끼들아 너희가 어떻게 지옥의 판결을 피하겠느냐"

17) 적그리스도는 지옥 가고, 따르는 무리도 지옥 간다

(마 24:26-28) "[26] 그러면 사람들이 너희에게 말하되 보라 그리스도가 광야에 있다 하여도 나가지 말고 보라 골방에 있다 하여도 믿지 말라

[27] 번개가 동편에서 나서 서편까지 번쩍임 같이 인자의 임함도 그러하리라

[28] 주검이 있는 곳에는 독수리들이 모일 것이니라"

18) 열 처녀 비유의 미련한 다섯 처녀가 지옥 간다

(마 25:11-12) "[11] 그 후에 남은 처녀들이 와서 이르되 주여 주여 우리에게 열어 주소서

[12] 대답하여 이르되 진실로 너희에게 이르노니 내가 너희를 알지 못하노라 하였느니라"

19) 악하고 게으른 종이 지옥 간다

(마 25:30) "이 무익한 종을 바깥 어두운 데로 내쫓으라 거기서 슬피 울며 이를 갈리라 하니라"

20) 염소 무리에 속하는 성도가 지옥 간다

(마 25:41) "또 왼편에 있는 자들에게 이르시되 저주를 받은 자들아 나를 떠나 마귀와 그 사자들을 위하여 예비된 영원한 불에 들어가라"

21) 배신자 가룟 유다 같은 신앙인은 지옥 간다

(마 27:5) "유다가 은을 성소에 던져 넣고 물러가서 스스로 목매어 죽은지라"

22) 그 외의 지옥 가는 사람들

- 불신자들
- 하나님을 잘못 믿은 사람들
- 잘못된 교회를 다니는 사람들
- 하나님을 사랑하지 않는 사람들
- 이웃을 사랑하지 않는 사람들
- 소경된 인도자들
- 거짓 하나님의 종들
- 이단 교주들
- 자신이 성령이라고 하는 사람
- 자신이 재림 예수라고 하는 사람
- 자신이 하나님이라고 하는 사람
- 자신이 영의 아버지라고 하는 사람
- 영생을 사칭하는 사람
- 거짓 예언자
- 악령 받은 사람
- 악령 받아 방언하는 사람
- 악령 받아 예언하는 사람
- 악령 받아 능력 행하는 사람
- 악령 받아 이상한 짓 하는 사람
- 불순종의 사람들

- 불만, 불평하는 사람들
- 죄를 깨닫지 못하는 사람들
- 회개할 줄 모르는 사람들
- 성경에서 말하는 저주받을 짓을 한 사람들
- 타종교에 구원이 있다고 말하는 사람들
- 선행으로 구원받는다고 하는 사람들
- 고행을 해야 구원받는다고 하는 사람들
- 한 번 구원은 영원한 구원이라고 주장하는 사람들
- 구원론이 잘못되면 구원받지 못한다.

부록

잘못 알고 있는 구원관과 바른 구원관

1장 잘못 알고 있는 구원관

(1) 예수님을 믿으면 구원받는다

(2) 회개하면 구원받는다

(3) 열심히 충성하면 구원받는다

(4) 기도생활하면 구원받는다

모두 맞는 말이다. 하지만 그다음 말씀이 있어야 한다. 위의 네 가지를 모두 행하면서 악을 행한다면 잘못된 믿음이다.

『위의 항목 설명』

1) 위의 것을 행하면서 십계명을 어기고 산다면 구원받지 못한다

1~2계명의 뜻을 깨닫지 못하고 자신이나 돈, 권력, 명예, 높아짐, 자랑 등을 신처럼 숭배하거나 우상처럼 여기고 산다면 구원받지 못한다.

4~10계명을 모두 무시하고 주관적으로 살면서 악을 행한다면 하나님께 인정받지 못하고 구원받지 못한다.

2) 위의 것을 행하면서 교회 안에서 죄를 범하고 있으면 구원받지 못한다

교회의 헌금을 도둑질하는 것, 교회의 물건이나 건물을 팔아서 개인적으로 착복하는 것, 하나님 중심으로 하지 않고 인본주의로 하는 것, 하나님이 받아야 할 영광을 자기가 받는 것, 자신을 높이고 모세의 자리에 앉아 있고 받기만 하는 것, 교만한 것, 헌신 안 하고 불만, 불평이 많은 것. 헌금 안 드리는 것 등.

3) 위의 것을 믿으면서 교회 밖에서 악을 행하면 구원받지 못한다

가족에게 악을 행하는 것, 가족에게 폭언과 폭행하는 것, 가족의 것을 탐내거나 도둑질하면서 죄의식이 없는 것, 가족을 돕는 사명을 행하지 않고 가족을 괴롭히는 것, 이기적인 것, 갑질하는 것, 도움을 주지 않는 것, 성질부리는 것, 가정을 지옥으로 만드는 것 등.

이런 신앙은 교회에서는 천사같이 행동하고 집에서는 마귀같이 행하는 사람의 모습이다. 이중인격자이고 마귀가 그 속에 들어있어 다른 사람들에게는 천사의 모습을 보이고 집에서는 마귀의 모습을 보이는 것이다. 양의 탈을 쓴 이리다.

그리고 어떤 이들은 자기가 교회에 다니고, 예수님을 그리스도로 믿고, 예배에 빠지지 않았으므로 구원받았다고 확신하고 있다. 잘못된 믿음을 가지고 있다. 교회생활이 구원시켜 주지 못한다. 바리새인들도 그렇게 하였으나 지옥의 판결을 받았다.

예수 그리스도를 믿는 사람은 교회 안과 밖에서 예수님의 가르침 대로 살아야 믿음을 인정받고 구원받는다. 악을 버리고 의의 열매, 선한 열매, 성령의 열매를 맺어야 성령 받아 구원받은 증거가 된다.

교회에 다니면서 악한 열매를 맺으면 성령 받은 증거가 아니라 악령 받은 증거가 된다. 이런 사람은 예수님의 말씀과 성경의 여러 말씀에 걸린다. 열매로 그들을 알 수 있다.

(마 7:16-20) "[16] 그들의 열매로 그들을 알지니 가시나무에서 포도를, 또는 엉겅퀴에서 무화과를 따겠느냐

[17] 이와 같이 좋은 나무마다 아름다운 열매를 맺고 못된 나무가 나쁜 열매를 맺나니

[18] 좋은 나무가 나쁜 열매를 맺을 수 없고 못된 나무가 아름다운 열매를 맺을 수 없느니라

[19] 아름다운 열매를 맺지 아니하는 나무마다 찍혀 불에 던져지느니라

[20] 이러므로 그들의 열매로 그들을 알리라"

행함이 없는 믿음은 죽은 믿음이다.

(약 2:17) "이와 같이 행함이 없는 믿음은 그 자체가 죽은 것이라"

(약 2:18) "어떤 사람은 말하기를 너는 믿음이 있고 나는 행함이 있으니 행함이 없는 네 믿음을 내게 보이라 나는 행함으로 내 믿음을 네게 보이리라 하리라"

(약 2:20) "아아 허탄한 사람아 행함이 없는 믿음이 헛것인 줄을 알고자 하느냐"

(약 2:26) "영혼 없는 몸이 죽은 것 같이 행함이 없는 믿음은 죽은 것 이니라"

양의 탈을 쓴 이리다.

(마 7:15) "거짓 선지자들을 삼가라 양의 옷을 입고 너희에게 나아오나 속에는 노략질하는 이리라"

성령 받은 사람은 진리대로 살고, 악령 받은 사람은 비진리로 산다.

(요 3:5) "예수께서 대답하시되 진실로 진실로 네게 이르노니 사람이 물과 성령으로 나지 아니하면 하나님의 나라에 들어갈 수 없느니라"

(요 16:13) "그러나 진리의 성령이 오시면 그가 너희를 모든 진리 가운데로 인도하시리니 그가 스스로 말하지 않고 오직 들은 것을 말하며 장래 일을 너희에게 알리시리라"

4) 위의 것을 행하면서도 하나님이 싫어하시는 악을 행한다

사회생활을 하는 중에 세상의 우상을 숭배한 것, 점 보러 다닌 것, 주일을 지키지 않는 것, 자신이 우상이 되어 있는 것, 간음하는 것, 도둑질하는 것, 거짓말하는 것, 이웃의 것을 욕심내는 것, 이웃에게 피해를 주는 것 즉, 십계명을 지키지 않는 것, 직장에서 갑질하는 것, 하나님의 이름을 욕되게 하는 것, 자기 욕심을 채우기 위해서 하나님을 이용하여 사는 것, 하나님의 뜻은 생각하지 않고 자기 뜻만 이루려는 기도를 하는 것 등.

성경을 모르는 목회자는 예수님만 믿으면 구원받는다고 말한다. 구원은 행위로 받지 않고 믿음으로 받는다고 하면서 말이다. 이것만 주장하면 이단 구원파와 같은 교리가 된다.

구원은 하나님의 은혜로 받는다. 이 말씀은 옳은 말씀이고 진리의 말씀이다. 다음의 말씀들이 증명한다.

(엡 2:5) "허물로 죽은 우리를 그리스도와 함께 살리셨고 (너희는 은혜로 구원을 받은 것이라)"

(엡 2:8) "너희는 그 은혜에 의하여 믿음으로 말미암아 구원을 받았으니 이것은 너희에게서 난 것이 아니요 하나님의 선물이라"

(롬 3:27) "그런즉 자랑할 데가 어디냐 있을 수가 없느니라 무슨 법으로냐 행위로냐 아니라 오직 믿음의 법으로니라"

(롬 3:28) "그러므로 사람이 의롭다 하심을 얻는 것은 율법의 행위에 있지 않고 믿음으로 되는 줄 우리가 인정하노라"

(롬 10:9) "네가 만일 네 입으로 예수를 주로 시인하며 또 하나님께서 그를 죽은 자 가운데서 살리신 것을 네 마음에 믿으면 구원을 받으리라"

여기에서 믿음으로 의인이 된 성도는 하나님 말씀에 순종한다. 불순종하는 사람은 의인이 되지 못한다.

출애굽하여 불순종한 이스라엘 사람들은 모두 광야에서 하나님께 심판받아 죽었다.

성령의 역사와 은혜로 구원받은 사람은 예수님의 가르침에 순종한다.

안 하는 사람은 불순종하는 사람이다.

바울은 하나님의 은혜로 구원받는다고 말하고, 로마서 12장에서부터 구원받은 사람이 행동에 옮겨야 할 말씀을 기록하였다.

(롬 12:1-21) "[1] 그러므로 형제들아 내가 하나님의 모든 자비하심으로 너희를 권하노니 너희 몸을 하나님이 기뻐하시는 거룩한 산 제물로 드리라 이는 너희가 드릴 영적 예배니라

[2] 너희는 이 세대를 본받지 말고 오직 마음을 새롭게 함으로 변화를 받아 하나님의 선하시고 기뻐하시고 온전하신 뜻이 무엇인지 분별하도록 하라

[3] 내게 주신 은혜로 말미암아 너희 각 사람에게 말하노니 마땅히 생각할 그 이상의 생각을 품지 말고 오직 하나님께서 각 사람에게 나누어 주신 믿음의 분량대로 지혜롭게 생각하라

[4] 우리가 한 몸에 많은 지체를 가졌으나 모든 지체가 같은 기능을 가진 것이 아니니

[5] 이와 같이 우리 많은 사람이 그리스도 안에서 한 몸이 되어 서로 지체가 되었느니라

[6] 우리에게 주신 은혜대로 받은 은사가 각각 다르니 혹 예언이면 믿음의 분수대로,

[7] 혹 섬기는 일이면 섬기는 일로, 혹 가르치는 자면 가르치는 일로,

[8] 혹 위로하는 자면 위로하는 일로, 구제하는 자는 성실함으로, 다스리는 자는 부지런함으로, 긍휼을 베푸는 자는 즐거움으로 할 것이니라

[9] 사랑에는 거짓이 없나니 악을 미워하고 선에 속하라

[10] 형제를 사랑하여 서로 우애하고 존경하기를 서로 먼저 하며

[11] 부지런하여 게으르지 말고 열심을 품고 주를 섬기라

[12] 소망 중에 즐거워하며 환난 중에 참으며 기도에 항상 힘쓰며

[13] 성도들의 쓸 것을 공급하며 손 대접하기를 힘쓰라

[14] 너희를 박해하는 자를 축복하라 축복하고 저주하지 말라

[15] 즐거워하는 자들과 함께 즐거워하고 우는 자들과 함께 울라

[16] 서로 마음을 같이하며 높은 데 마음을 두지 말고 도리어 낮은 데 처하며 스스로 지혜 있는 체 하지 말라

[17] 아무에게도 악을 악으로 갚지 말고 모든 사람 앞에서 선한 일을 도모하라

[18] 할 수 있거든 너희로서는 모든 사람과 더불어 화목하라

[19] 내 사랑하는 자들아 너희가 친히 원수를 갚지 말고 하나님의 진노하심에 맡기라 기록되었으되 원수 갚는 것이 내게 있으니 내가 갚으리라고 주께서 말씀하시니라

[20] 네 원수가 주리거든 먹이고 목마르거든 마시게 하라 그리함으로 네가 숯불을 그 머리에 쌓아 놓으리라

[21] 악에게 지지 말고 선으로 악을 이기라"

이 말씀은 예수님이 열매로 구별하겠다고 하신 말씀과 같다.

(마 7:13-29) "[13] 좁은 문으로 들어가라 멸망으로 인도하는 문은 크고 그 길이 넓어 그리로 들어가는 자가 많고

[14] 생명으로 인도하는 문은 좁고 길이 협착하여 찾는 자가 적음이라

[15] 거짓 선지자들을 삼가라 양의 옷을 입고 너희에게 나아오나 속에는 노략질하는 이리라

[16] 그들의 열매로 그들을 알지니 가시나무에서 포도를, 또는 엉겅

퀴에서 무화과를 따겠느냐

[17] 이와 같이 좋은 나무마다 아름다운 열매를 맺고 못된 나무가 나쁜 열매를 맺나니

[18] 좋은 나무가 나쁜 열매를 맺을 수 없고 못된 나무가 아름다운 열매를 맺을 수 없느니라

[19] 아름다운 열매를 맺지 아니하는 나무마다 찍혀 불에 던져지느니라

[20] 이러므로 그들의 열매로 그들을 알리라

[21] 나더러 주여 주여 하는 자마다 다 천국에 들어갈 것이 아니요 다만 하늘에 계신 내 아버지의 뜻대로 행하는 자라야 들어가리라

[22] 그 날에 많은 사람이 나더러 이르되 주여 주여 우리가 주의 이름으로 선지자 노릇 하며 주의 이름으로 귀신을 쫓아 내며 주의 이름으로 많은 권능을 행하지 아니하였나이까 하리니

[23] 그 때에 내가 그들에게 밝히 말하되 내가 너희를 도무지 알지 못하니 불법을 행하는 자들아 내게서 떠나가라 하리라

[24] 그러므로 누구든지 나의 이 말을 듣고 행하는 자는 그 집을 반석 위에 지은 지혜로운 사람 같으리니

[25] 비가 내리고 창수가 나고 바람이 불어 그 집에 부딪치되 무너지지 아니하나니 이는 주추를 반석 위에 놓은 까닭이요

[26] 나의 이 말을 듣고 행하지 아니하는 자는 그 집을 모래 위에 지은 어리석은 사람 같으리니

[27] 비가 내리고 창수가 나고 바람이 불어 그 집에 부딪치매 무너져 그 무너짐이 심하니라

[28] 예수께서 이 말씀을 마치시매 무리들이 그의 가르치심에 놀라니

[29] 이는 그 가르치시는 것이 권위 있는 자와 같고 그들의 서기관들과 같지 아니함일러라"

그러므로 행위 없는 믿음은 의의 열매가 없으므로 죽은 믿음이라는 말씀이다.

(약 2:20) "아아 허탄한 사람아 행함이 없는 믿음이 헛것인 줄을 알고자 하느냐"

(약 2:22) "네가 보거니와 믿음이 그의 행함과 함께 일하고 행함으로 믿음이 온전하게 되었느니라"

(약 2:24) "이로 보건대 사람이 행함으로 의롭다 하심을 받고 믿음으로만은 아니니라"

(약 2:26) "영혼 없는 몸이 죽은 것 같이 행함이 없는 믿음은 죽은 것이니라"

위의 네 가지를 행하여도 교회 안에서나 교회 밖에서 악을 행하면 악한 열매를 맺으니 구원받지 못한다.

그 악을 구체적으로 말하면,

• 하나님을 사랑하지 않고 경외하지 않고 섬기지 않는 것이다.
• 이웃을 사랑하지 않고 섬기지 않고 돕지 않는 것이다.
• 십계명을 구약이라고 무시하고 지키지 않는 것이다.
• 그 외에 하나님의 말씀이나 예수님의 말씀을 두려워하지 않고 불순종하고 거역하여 악을 행하는 것이다.

마귀가 바리새인들을 이렇게 속여서 지옥에 가게 만들었다.

그와 같이 현대의 교인들을 속여 지옥 가게 만들고 있다.

(마 23:1-33) "[1] 이에 예수께서 무리와 제자들에게 말씀하여 이르시되

[2] 서기관들과 바리새인들이 모세의 자리에 앉았으니

[3] 그러므로 무엇이든지 그들이 말하는 바는 행하고 지키되 그들이 하는 행위는 본받지 말라 그들은 말만 하고 행하지 아니하며

[4] 또 무거운 짐을 묶어 사람의 어깨에 지우되 자기는 이것을 한 손가락으로도 움직이려 하지 아니하며

[5] 그들의 모든 행위를 사람에게 보이고자 하나니 곧 그 경문 띠를 넓게 하며 옷술을 길게 하고

[6] 잔치의 윗자리와 회당의 높은 자리와

[7] 시장에서 문안 받는 것과 사람에게 랍비라 칭함을 받는 것을 좋아하느니라…

[13] 화 있을진저 외식하는 서기관들과 바리새인들이여 너희는 천국 문을 사람들 앞에서 닫고 너희도 들어가지 않고 들어가려 하는 자도 들어가지 못하게 하는도다…

[15] 화 있을진저 외식하는 서기관들과 바리새인들이여 너희는 교인 한 사람을 얻기 위하여 바다와 육지를 두루 다니다가 생기면 너희보다 배나 더 지옥 자식이 되게 하는도다

[16] 화 있을진저 눈 먼 인도자여 너희가 말하되 누구든지 성전으로 맹세하면 아무 일 없거니와 성전의 금으로 맹세하면 지킬지라 하는도다…

[23] 화 있을진저 외식하는 서기관들과 바리새인들이여 너희가 박하와 회향과 근채의 십일조는 드리되 율법의 더 중한 바 정의와 긍휼과

믿음은 버렸도다 그러나 이것도 행하고 저것도 버리지 말아야 할지니라…

[25] 화 있을진저 외식하는 서기관들과 바리새인들이여 잔과 대접의 겉은 깨끗이 하되 그 안에는 탐욕과 방탕으로 가득하게 하는도다

[26] 눈 먼 바리새인이여 너는 먼저 안을 깨끗이 하라 그리하면 겉도 깨끗하리라

[27] 화 있을진저 외식하는 서기관들과 바리새인들이여 회칠한 무덤 같으니 겉으로는 아름답게 보이나 그 안에는 죽은 사람의 뼈와 모든 더러운 것이 가득하도다

[28] 이와 같이 너희도 겉으로는 사람에게 옳게 보이되 안으로는 외식과 불법이 가득하도다

[29] 화 있을진저 외식하는 서기관들과 바리새인들이여 너희는 선지자들의 무덤을 만들고 의인들의 비석을 꾸미며 이르되…

[33] 뱀들아 독사의 새끼들아 너희가 어떻게 지옥의 판결을 피하겠느냐"

악은 하나님의 말씀을 불순종하고 하나님의 뜻대로 살지 않는 것이다.

교회에서는 천사인데 가정에서 마귀 짓하고, 사회나 직장에서 마귀 짓하면 악을 행하는 것이다. 그런데 많은 목회자가 악이 무엇인지 마귀 짓이 무엇인지를 모른다. 그래서 자기도 회개 안 하고 성도에게 가르치지도 못한다.

목회자들의 죄는 권영구 저서 『요한계시록』 42쪽에 기록해 놓았다. 참고하면 된다.

예를 들면 예배 시간에 사람에게 손뼉 치는 것이 죄인 줄도 모른다(마 23:7).

천사도 박수나 영광을 받지 않고 오직 하나님께만 돌리는데 죄인 된 사람이 받는다. 성경도 모르고 하나님도 모르는 행위다.

(계 19:10) "내가 그 발 앞에 엎드려 경배하려 하니 그가 나에게 말하기를 나는 너와 및 예수의 증언을 받은 네 형제들과 같이 된 종이니 삼가 그리하지 말고 오직 하나님께 경배하라 예수의 증언은 예언의 영이라 하더라"

(계 22:9) "그가 내게 말하기를 나는 너와 네 형제 선지자들과 또 이 두루마리의 말을 지키는 자들과 함께 된 종이니 그리하지 말고 하나님께 경배하라 하더라"

하늘나라에서 4 생물과 24 장로들도 엎드려 하나님을 경배한다.

(계 4:10) "이십사 장로들이 보좌에 앉으신 이 앞에 엎드려 세세토록 살아 계시는 이에게 경배하고 자기의 관을 보좌 앞에 드리며 이르되"

하나님을 경배하는 예배 시간에 사람이 박수받고 높임을 받는 것이 악이다. 사람이 무엇을 잘하는 것은 하나님이 은사를 주었기 때문이다. 그러므로 자신이 한 것이 아니고 하나님께서 하신 것이고, 자신은 하나님께서 지팡이처럼 사용해 주신 것이다. 그러므로 오직 하나님께 영광을 돌려야 한다.

예수님도 오직 하나님께만 영광을 돌리라고 하셨다.

(마 6:13) "(나라와 권세와 영광이 아버지께 영원히 있사옵나이다. 아멘)"

우리가 하나님을 믿어도 죄악을 범한다. 그 죗값으로 영벌을 받을 수도 있는데, 버리시지 않고 현재 사용해 주시는 것만으로도 감사한 일이다. 그런데 박수를 받고 영광을 받고 자기를 자랑하고 스스로 자신을 높이는 것은 모두 마귀의 속임수다.

자신이 아무리 큰일을 하였어도, 피조물은 오직 창조주에게 영광을 돌리고 종의 자세로 사는 것이 하나님 앞에 바른 것이다.

요즘 안식일을 거룩히 지키라는 계명을 전혀 지키지 않는 목회자와 성도들이 많다. 구약을 지나간 율법이라고 생각한다. 과연 그럴까? 예수님이 하신 말씀을 기억해야 한다.

(마 5:17) "내가 율법이나 선지자를 폐하러 온 줄로 생각하지 말라 폐하러 온 것이 아니요 완전하게 하려 함이라"

(마 5:18) "진실로 너희에게 이르노니 천지가 없어지기 전에는 율법의 일점 일획도 결코 없어지지 아니하고 다 이루리라"

(눅 16:17) "그러나 율법의 한 획이 떨어짐보다 천지가 없어짐이 쉬우리라"

(요 7:49) "율법을 알지 못하는 이 무리는 저주를 받은 자로다"

그러므로 주일날 밥이나 커피를 사 먹는 것은 죄다. 이것을 알고 안 사 먹는 사람도 있지만 모르고 사 먹는 사람도 많다. 주일날 여행을 가는 것도 죄다. 또한 총회 헌법에 주일날은 임직식, 결혼식, 장례식, 돌잔치와 같은 것을 하지 않는다고 명시되어 있다.

이렇게 불법을 행하면 하나님께 믿음을 인정받을 수 없다.

불법이 무엇인지 모르는 사람들이 많다.

불법은 하나님의 말씀을 불순종하는 것이다. 이렇게 이야기해도 모른다. 좀 더 상세하게 말해야 알 것이다. 즉, 성경 말씀에 있는데 무지해서 없다고 말하는 것이다. 그리고 성경 말씀에 없는데 있다고 말하는 것이다. 그리고 성경 말씀을 잘못 해석하여 하나님의 뜻과 다르게 해석하고 전하는 것을 말한다.

불법을 행하는 사람들이 많다.

(마 7:22-23) "[22] 그 날에 많은 사람이 나더러 이르되 주여 주여 우리가 주의 이름으로 선지자 노릇 하며 주의 이름으로 귀신을 쫓아 내며 주의 이름으로 많은 권능을 행하지 아니하였나이까 하리니 [23] 그 때에 내가 그들에게 밝히 말하되 내가 너희를 도무지 알지 못하니 불법을 행하는 자들아 내게서 떠나가라 하리라"

위의 말씀을 능력 받은 사람에게만 적용하는 사람들이 있다. 아니다. 지식만 가지고 전하는 사람들에게도 적용되는 말씀이다. 그리고 모든 목회자와 성도들에게 적용되는 말씀이다.

목회자들은 성경을 창세기에서부터 요한계시록까지 연구해야 하는데 하지 않고, 귀한 시간을 자신의 성공과 명예를 얻기 위하여 아니면 다른 사업을 하고, 돈을 벌기 위해 사용한다. 거기에 교육 선교, 사업 선교, 복음 선교, 구제 선교 등 선교라는 명칭을 붙이면 합법이라고 생각한다.

이것은 매우 잘못된 생각이다. 하나님이 인정하지 않는다. 이런 사람은 바리새인과 서기관들처럼 살고 있다. 그것이 죄인 줄 모른다. 모두 하나님께 심판받는다.

목회자는 오직 기도하고 성령 충만하고 능력 받아 복음을 전하고, 한 영혼을 위해서 기도하고 말씀을 전하고 힘써 노력해야 인정받는다.

5) '구원의 확신이 있으면 구원받았다'는 생각은 잘못된 믿음이다

구원의 확신은 이단들이 더 확실하게 가지고 있다. 그들의 교주를 믿으면 구원받는다고 확신하니까 그곳에서 빠져나오지 못하고 가족도 버리고 헌신하고 있다.

성경에도 바리새인과 서기관, 제사장들이 구원의 확신이 가득하였다. 그래서 예수님을 핍박하고 스데반 집사도 죽였다.

그들은 선택받은 백성이요, 아브라함의 자손이요, 할례받은 사람이요, 조상 때부터 하나님을 믿은 백성이요, 율법을 연구하고 철저히 지키는 백성이라고 믿었다. 그래서 100% 구원의 확신이 있었다. 그런데 지옥 갔다.

예수님의 말씀이다.

(마 23:15-33) "[15] 화 있을진저 외식하는 서기관들과 바리새인들이여 너희는 교인 한 사람을 얻기 위하여 바다와 육지를 두루 다니다가 생기면 너희보다 배나 더 지옥 자식이 되게 하는도다…

[23] 화 있을진저 외식하는 서기관들과 바리새인들이여 너희가 박하와 회향과 근채의 십일조는 드리되 율법의 더 중한 바 정의와 긍휼과 믿음은 버렸도다 그러나 이것도 행하고 저것도 버리지 말아야 할지니라…

[25] 화 있을진저 외식하는 서기관들과 바리새인들이여 잔과 대접의

겉은 깨끗이 하되 그 안에는 탐욕과 방탕으로 가득하게 하는도다…

[27] 화 있을진저 외식하는 서기관들과 바리새인들이여 회칠한 무덤 같으니 겉으로는 아름답게 보이나 그 안에는 죽은 사람의 뼈와 모든 더러운 것이 가득하도다

[28] 이와 같이 너희도 겉으로는 사람에게 옳게 보이되 안으로는 외식과 불법이 가득하도다

[29] 화 있을진저 외식하는 서기관들과 바리새인들이여 너희는 선지자들의 무덤을 만들고 의인들의 비석을 꾸미며 이르되

[30] 만일 우리가 조상 때에 있었더라면 우리는 그들이 선지자의 피를 흘리는 데 참여하지 아니하였으리라 하니

[31] 그러면 너희가 선지자를 죽인 자의 자손임을 스스로 증명함이로다…

[33] 뱀들아 독사의 새끼들아 너희가 어떻게 지옥의 판결을 피하겠느냐"

6) '방언 받았으면 구원받았다'는 생각은 잘못된 믿음이다

어떤 목회자들과 교파는 방언 받은 날이 구원받은 날이라고도 한다.

방언은 두 가지가 있다.

첫째는 성령이 주시는 방언의 은사다.

둘째는 악령이 주는 것이 있다.

악령이 주는 방언을 통역하면, 성경을 부정하고 하나님을 부정하고 예수님을 부정하고 하나님을 저주하고 모욕하는 내용이

다. 이런 것을 하는 사람이 너무 많다. 악령이 들었거나 귀신들려 방언하는 자, 예언하는 자, 능력을 행하는 자가 너무 많다. 그들은 성령과 악령을 분별하지 못한다. 그러므로 방언하는 것으로 구원을 알 수 없다.

7) 한 번 구원받으면 끝까지 변함이 없다는 말은 잘못된 것이다

이것은 한 번 구원받은 사람은 영원히 변함이 없다는 말과 같다. 이들은 다음 말씀을 근거로 삼는다.

(요 10:28-29) "[28] 내가 그들에게 영생을 주노니 영원히 멸망하지 아니할 것이요 또 그들을 내 손에서 빼앗을 자가 없느니라 [29] 그들을 주신 내 아버지는 만물보다 크시매 아무도 아버지 손에서 빼앗을 수 없느니라"

이 말씀은 이렇게 해석할 수 있다.

① 하나님이 영생을 준 사람은 하나님 손에서 마귀도 빼앗지 못한다.

② 마귀는 영생을 빼앗지는 못하지만, 하나님이 그 사람의 죄악을 보고 버리면 영생도 없어진다.

③ 마귀가 영생을 직접 빼앗지는 못하지만, 죄악을 범하게 하거나 믿음을 떨어뜨리는 시험을 주어 하나님께 버림받게 할 수는 있다.

다음과 같은 성경 말씀도 있다는 것을 알아야 한다.

(히 6:4-6) "[4] 한 번 빛을 받고 하늘의 은사를 맛보고 성령에 참여

한 바 되고 [5] 하나님의 선한 말씀과 내세의 능력을 맛보고도 [6] 타락한 자들은 다시 새롭게 하여 회개하게 할 수 없나니 이는 그들이 하나님의 아들을 다시 십자가에 못 박아 드러내 놓고 욕되게 함이라"

(대상 28:9) "내 아들 솔로몬아 너는 네 아버지의 하나님을 알고 온전한 마음과 기쁜 뜻으로 섬길지어다 여호와께서는 모든 마음을 감찰하사 모든 의도를 아시나니 네가 만일 그를 찾으면 만날 것이요 만일 네가 그를 버리면 그가 너를 영원히 버리시리라"

(시 69:27-28) "[27] 그들의 죄악에 죄악을 더하사 주의 공의에 들어오지 못하게 하소서
[28] 그들을 생명책에서 지우사 의인들과 함께 기록되지 말게 하소서"

(말 2:1-3) "[1] 너희 제사장들아 이제 너희에게 이같이 명령하노라 [2] 만군의 여호와가 이르노라 너희가 만일 듣지 아니하며 마음에 두지 아니하여 내 이름을 영화롭게 하지 아니하면 내가 너희에게 저주를 내려 너희의 복을 저주하리라 내가 이미 저주하였나니 이는 너희가 그것을 마음에 두지 아니하였음이라 [3] 보라 내가 너희의 자손을 꾸짖을 것이요 똥 곧 너희 절기의 희생의 똥을 너희 얼굴에 바를 것이라 너희가 그것과 함께 제하여 버림을 당하리라"

(계 22:19) "만일 누구든지 이 두루마리의 예언의 말씀에서 제하여 버리면 하나님이 이 두루마리에 기록된 생명나무와 및 거룩한 성에 참여함을 제하여 버리시리라"

(갈 1:8) "그러나 우리나 혹은 하늘로부터 온 천사라도 우리가 너희에게 전한 복음 외에 다른 복음을 전하면 저주를 받을지어다"

2장 바른 구원관

(1) 예수님을 그리스도로 믿는다

(2) 회개한다

(3) 열심히 일한다(충성, 헌신)

(4) 기도생활한다

(5) 성령을 받아야 한다

(6) 계명을 지켜야 한다

(7) 하나님을 사랑해야 한다

(8) 이웃을 사랑해야 한다

(9) 책망받는 일과 악을 버려야 한다

위와 같은 말씀을 깨닫지 못하면 하나님의 진노를 받는다.

『바른 구원관 설명』

1) 예수님을 그리스도로 믿는다

예수님을 믿는다는 말씀 안에는 예수님의 탄생, 십자가의 고난, 부활, 승천, 재림, 심판을 믿고 예수님의 가르침을 믿고 순종하여 제자로 살겠다는 뜻이 담겨있다.

예수님을 믿는 사람이 예수님의 가르침을 전혀 지키지 않고 자기 생각대로 신앙생활을 한다면 그는 가짜다.

예수님을 믿는다고 하는 사람은 예수님의 가르침을 깨닫고 믿고 지켜야 한다.

(눅 11:28) "예수께서 이르시되 오히려 하나님의 말씀을 듣고 지키는 자가 복이 있느니라 하시니라"

그러므로 예수님을 자신의 구원자로 믿어야 한다.

자기 죄를 십자가 위에서 대속하신 것을 믿어야 한다.

하나님의 의로 사람을 구원하시는 것을 믿어야 한다.

내 의가 아닌 하나님의 의로 구원받는다는 것을 믿어야 한다.

자기 죄가 십자가의 보혈로 씻어짐을 믿어야 한다. 육신의 더러움은 물로 씻고, 영혼의 죄는 예수님의 보혈로 씻는다.

예수님이 재림하시고 세상을 심판하신다는 것을 믿어야 한다.

천국과 지옥이 있다는 것을 믿어야 한다.

예수님의 가르침을 믿고 순종하는 삶을 살아야 한다.

예를 들어, 예수님은 믿으나 천국과 지옥을 믿지 않는다고 말하면 그 사람은 예수님의 제자가 아니다. 그러므로 예수님의 가르침 하나만 부정해도 가짜다.

2) 회개한다

회개 기도를 들으시고 하나님께서 죄 사함을 해 주셔야 회개가 된다. 주관적인 회개는 용서받지 못한다. 그러므로 참된 회개가 아니다.

사울 왕도 자기 죄를 깨닫는다고 말했다. 하지만 하나님은 용서해 주지 않으셨다.

(삼상 15:24) "사울이 사무엘에게 이르되 내가 범죄하였나이다 내가 여호와의 명령과 당신의 말씀을 어긴 것은 내가 백성을 두려워하여 그들의 말을 청종하였음이니이다"

(삼상 15:30) "사울이 이르되 내가 범죄하였을지라도 이제 청하옵나니 내 백성의 장로들 앞과 이스라엘 앞에서 나를 높이사 나와 함께 돌아가서 내가 당신의 하나님 여호와께 경배하게 하소서 하더라"

(삼상 26:21) "사울이 이르되 내가 범죄하였도다 내 아들 다윗아 돌아오라 네가 오늘 내 생명을 귀하게 여겼은즉 내가 다시는 너를 해하려 하지 아니하리라 내가 어리석은 일을 하였으니 대단히 잘못되었도다 하는지라"

(대상 10:13) "사울이 죽은 것은 여호와께 범죄하였기 때문이라 그가 여호와의 말씀을 지키지 아니하고 또 신접한 자에게 가르치기를 청하고"

가룟 유다도 자기 죄를 깨달았다. 하지만 하나님은 용서해 주지 않으셨다.

(마 27:3-5) "[3] 그 때에 예수를 판 유다가 그의 정죄됨을 보고 스

스로 뉘우쳐 그 은 삼십을 대제사장들과 장로들에게 도로 갖다 주며 [4] 이르되 내가 무죄한 피를 팔고 죄를 범하였도다 하니 그들이 이르되 그것이 우리에게 무슨 상관이냐 네가 당하라 하거늘 [5] 유다가 은을 성소에 던져 넣고 물러가서 스스로 목매어 죽은지라"

하나님께서 용서해 주시고 죄를 사해 주셔야 회개다.

다윗은 용서해 주셨다.

(삼하 12:13) "다윗이 나단에게 이르되 내가 여호와께 죄를 범하였노라 하매 나단이 다윗에게 말하되 여호와께서도 당신의 죄를 사하셨나니 당신이 죽지 아니하려니와"

(삼하 24:10, 17, 25) "[10] 다윗이 백성을 조사한 후에 그의 마음에 자책하고 다윗이 여호와께 아뢰되 내가 이 일을 행함으로 큰 죄를 범하였나이다 여호와여 이제 간구하옵나니 종의 죄를 사하여 주옵소서 내가 심히 미련하게 행하였나이다 하니라

[17] 다윗이 백성을 치는 천사를 보고 곧 여호와께 아뢰어 이르되 나는 범죄하였고 악을 행하였거니와 이 양 무리는 무엇을 행하였나이까 청하건대 주의 손으로 나와 내 아버지의 집을 치소서 하니라

[25] 그 곳에서 여호와를 위하여 제단을 쌓고 번제와 화목제를 드렸더니 이에 여호와께서 그 땅을 위한 기도를 들으시매 이스라엘에게 내리는 재앙이 그쳤더라"

죄 사함에 관한 말씀이다.

(롬 4:7) "불법이 사함을 받고 죄가 가리어짐을 받는 사람들은 복이 있고"

(눅 24:47) "또 그의 이름으로 죄 사함을 받게 하는 회개가 예루살렘에서 시작하여 모든 족속에게 전파될 것이 기록되었으니"

(마 26:28) "이것은 죄 사함을 얻게 하려고 많은 사람을 위하여 흘리는 바 나의 피 곧 언약의 피니라"

(눅 1:77) "주의 백성에게 그 죄 사함으로 말미암는 구원을 알게 하리니"

(눅 5:20) "예수께서 그들의 믿음을 보시고 이르시되 이 사람아 네 죄 사함을 받았느니라 하시니"

구원받은 사람은 회개하고 죄 사함을 받아야 한다.

(행 2:38) "베드로가 이르되 너희가 회개하여 각각 예수 그리스도의 이름으로 세례를 받고 죄 사함을 받으라 그리하면 성령의 선물을 받으리니"

(행 5:31) "이스라엘에게 회개함과 죄 사함을 주시려고 그를 오른손으로 높이사 임금과 구주로 삼으셨느니라"

『죽기 전에 드리는 회개기도』

인생의 마지막 가는 길에 자신이 생활 속에서 하나님의 말씀대로 살지 못했다는 것을 깨닫고, 진심으로 통회하며 회개한 사람을 하나님이 용서해 주시고 죄 사함을 주시면 구원받는다. 그러나 하나님께서 보실 때 회개가 진실성이 없거나, 사울 왕처럼 이미 버려서 회개도 안 받으시고 죄 사함도 안 해 주시면 구원받지 못한다.

구원의 주권은 하나님께만 있다. 아무도 항의할 수 없다.

3) 열심히 일한다(충성, 헌신)

하나님이 인정하지 않는 열심은 아무 소용이 없다.

이단들이 더 열심히 일한다. 그러나 아무 소용 없다. 오히려 하나님께 저주받아 지옥 간다.

이단 단체에서 충성하고 헌신하고 헌금 드리고 한 것은 아무것도 인정받지 못하고, 저주받는 일을 하였으므로 철저하게 회개해야 한다. 만약 하나님께서 용서해 주지 않으시면 구원받지 못한다. 그러나 하나님이 용서하셔서 죄 사함 주시면 구원받는다.

자신이 죽지 않고 살아있고, 자만하고 교만하고 악한 성품을 가지고 남에게 보이기 위해서 일한 것, 억지로 일한 것, 칭찬받고 존경받으려고 일한 것, 자신을 자랑하기 위해 일한 것 등은 잘못하는 것이다. 이런 것은 하나님께 인정받지 못한다.

하나님이 인정하시는 열심은,

자기를 부인하고 자기 십자가를 지고 예수님의 가르침을 따르는 것이다. 즉 자신의 모든것을 내려놓고 자기 사명을 짊어지고 예수님의 말씀대로 행하는 것이다.

자기 생각, 자기 지식, 자기 뜻을 내려놓고 자신을 낮추고 하나님을 사랑하고 경외하며 섬기고, 이웃을 사랑하고 섬기고 도우면서 하나님의 뜻을 이루어 드리고, 모든 영광은 하나님께 돌리는 것은 믿음을 인정받고 구원받고 하늘에서 상급도 받는다.

4) 기도생활한다

악령 들린 사람도 기도 많이 한다.

악령도 기도 많이 하라고 말한다.

악령 들려 기도하는 것은 아무 소용이 없다.

악령 들려 방언기도하는 것도 아무 소용이 없다.

악령 들린 사람도 새벽기도, 금요철야기도, 성령집회, 금식기도 많이 한다. 아무 소용이 없다. 오히려 저주받아 지옥 간다.

그러므로 자신을 죽이고 예수님의 가르침대로 살고 있는지 그것부터 점검해야 한다.

악령 들려 기도를 많이 하는 사람은 가정과 세상에서 칭찬받지 못하고 책망받는 생활을 한다.

성령 받아 기도하든지 성경을 배워서 기도해야 한다.

(엡 6:18) "모든 기도와 간구를 하되 항상 성령 안에서 기도하고 이를 위하여 깨어 구하기를 항상 힘쓰며 여러 성도를 위하여 구하라"

(유 1:20) "사랑하는 자들아 너희는 너희의 지극히 거룩한 믿음 위에 자신을 세우며 성령으로 기도하며"

이런 사람은 진심으로 자기 죄를 인정하고 자기의 마음과 행동을 하나님 말씀으로 고쳐나간다.

자기를 부인하고 자기 십자가를 지고 예수님의 뒤를 따른다.

(눅 9:23) "또 무리에게 이르시되 아무든지 나를 따라오려거든 자기를 부인하고 날마다 제 십자가를 지고 나를 따를 것이니라"

예수님의 성품을 닮아간다.

(마 11:29) "나는 마음이 온유하고 겸손하니 나의 멍에를 메고 내게 배우라 그리하면 너희 마음이 쉼을 얻으리니"

자기 뜻을 이루지 않고 하나님의 뜻을 이룬다.

(막 3:35) "누구든지 하나님의 뜻대로 행하는 자가 내 형제요 자매요 어머니이니라"

(히 10:36) "너희에게 인내가 필요함은 너희가 하나님의 뜻을 행한 후에 약속하신 것을 받기 위함이라"

매일 기도하고 자신의 욕심이나 뜻을 이루지 않고 하나님의 뜻을 이루려고 한다.

이런 사람은 교회나 가정이나 사회에서 변함없이 하나님을 사랑하고 경외하고 섬기며, 이웃을 사랑하고 섬기고 돕는 역할을 한다.

5) 성령을 받아야 한다

구원받는 데 성령은 반드시 받아야 한다.

입으로 "예수님을 믿습니다." 라고 말만 해서는 안 된다.

(요 3:5) "예수께서 대답하시되 진실로 진실로 네게 이르노니 사람이 물과 성령으로 나지 아니하면 하나님의 나라에 들어갈 수 없느니라"

(눅 3:16) "요한이 모든 사람에게 대답하여 이르되 나는 물로 너희에게 세례를 베풀거니와 나보다 능력이 많으신 이가 오시나니 나는 그의 신발 끈을 풀기도 감당하지 못하겠노라 그는 성령과 불로 너희에게 세례를 베푸실 것이요"

(행 8:15) "그들이 내려가서 그들을 위하여 성령 받기를 기도하니"

『성령 받은 증거』

① 자신이 죄인임을 확실하게 알고 통곡하며 회개하게 된다.

② 예수님이 자신의 구원자이심이 믿어진다.

③ 성경 말씀이 100% 믿어진다.

(요 16:13) "그러나 진리의 성령이 오시면 그가 너희를 모든 진리 가운데로 인도하시리니 그가 스스로 말하지 않고 오직 들은 것을 말하며 장래 일을 너희에게 알리시리라"

(고전 12:3) "그러므로 내가 너희에게 알리노니 하나님의 영으로 말하는 자는 누구든지 예수를 저주할 자라 하지 아니하고 또 성령으로 아니하고는 누구든지 예수를 주시라 할 수 없느니라"

(롬 8:9) "만일 너희 속에 하나님의 영이 거하시면 너희가 육신에 있지 아니하고 영에 있나니 누구든지 그리스도의 영이 없으면 그리스도의 사람이 아니라"

6) 계명을 지켜야 한다

(요 14:15) "너희가 나를 사랑하면 나의 계명을 지키리라"

(요 14:21) "나의 계명을 지키는 자라야 나를 사랑하는 자니 나를 사랑하는 자는 내 아버지께 사랑을 받을 것이요 나도 그를 사랑하여 그에게 나를 나타내리라"

(요 15:10) "내가 아버지의 계명을 지켜 그의 사랑 안에 거하는 것 같이 너희도 내 계명을 지키면 내 사랑 안에 거하리라"

(롬 13:9) "간음하지 말라, 살인하지 말라, 도둑질하지 말라, 탐내지

말라 한 것과 그 외에 다른 계명이 있을지라도 네 이웃을 네 자신과 같이 사랑하라 하신 그 말씀 가운데 다 들었느니라"

(요일 4:21) "우리가 이 계명을 주께 받았나니 하나님을 사랑하는 자는 또한 그 형제를 사랑할지니라"

(요일 5:2) "우리가 하나님을 사랑하고 그의 계명들을 지킬 때에 이로써 우리가 하나님의 자녀를 사랑하는 줄을 아느니라"

(요이 1:6) "또 사랑은 이것이니 우리가 그 계명을 따라 행하는 것이요 계명은 이것이니 너희가 처음부터 들은 바와 같이 그 가운데서 행하라 하심이라""너희가 나를 사랑하면 나의 계명을 지키리라"

7) 하나님을 사랑해야 한다

(마 22:37-38) "[37] 예수께서 이르시되 네 마음을 다하고 목숨을 다하고 뜻을 다하여 주 너의 하나님을 사랑하라 하셨으니 [38] 이것이 크고 첫째 되는 계명이요"

(요일 5:2) "우리가 하나님을 사랑하고 그의 계명들을 지킬 때에 이로써 우리가 하나님의 자녀를 사랑하는 줄을 아느니라"

(요일 5:3) "하나님을 사랑하는 것은 이것이니 우리가 그의 계명들을 지키는 것이라 그의 계명들은 무거운 것이 아니로다"

(눅 10:25-28) "[25] 어떤 율법교사가 일어나 예수를 시험하여 이르되 선생님 내가 무엇을 하여야 영생을 얻으리이까 [26] 예수께서 이르시되 율법에 무엇이라 기록되었으며 네가 어떻게 읽느냐 [27] 대답하여 이르되 네 마음을 다하며 목숨을 다하며 힘을 다하며 뜻을

다하여 주 너의 하나님을 사랑하고 또한 네 이웃을 네 자신 같이 사랑하라 하였나이다 [28] 예수께서 이르시되 네 대답이 옳도다 이를 행하라 그러면 살리라 하시니"

하나님을 사랑한다면 충성된 종이 되어야 믿음을 인정받고, 구원받아 천국에 들어간다고 예수님이 교훈하셨다.

(마 25:14-30) "[14] 또 어떤 사람이 타국에 갈 때 그 종들을 불러 자기 소유를 맡김과 같으니

[15] 각각 그 재능대로 한 사람에게는 금 다섯 달란트를, 한 사람에게는 두 달란트를, 한 사람에게는 한 달란트를 주고 떠났더니

[16] 다섯 달란트 받은 자는 바로 가서 그것으로 장사하여 또 다섯 달란트를 남기고

[17] 두 달란트 받은 자도 그같이 하여 또 두 달란트를 남겼으되

[18] 한 달란트 받은 자는 가서 땅을 파고 그 주인의 돈을 감추어 두었더니

[19] 오랜 후에 그 종들의 주인이 돌아와 그들과 결산할새

[20] 다섯 달란트 받았던 자는 다섯 달란트를 더 가지고 와서 이르되 주인이여 내게 다섯 달란트를 주셨는데 보소서 내가 또 다섯 달란트를 남겼나이다

[21] 그 주인이 이르되 잘하였도다 착하고 충성된 종아 네가 적은 일에 충성하였으매 내가 많은 것을 네게 맡기리니 네 주인의 즐거움에 참여할지어다 하고

[22] 두 달란트 받았던 자도 와서 이르되 주인이여 내게 두 달란트를 주셨는데 보소서 내가 또 두 달란트를 남겼나이다

[23] 그 주인이 이르되 잘하였도다 착하고 충성된 종아 네가 적은 일에 충성하였으매 내가 많은 것을 네게 맡기리니 네 주인의 즐거움에 참여할지어다 하고

[24] 한 달란트 받았던 자는 와서 이르되 주인이여 당신은 굳은 사람이라 심지 않은 데서 거두고 헤치지 않은 데서 모으는 줄을 내가 알았으므로

[25] 두려워하여 나가서 당신의 달란트를 땅에 감추어 두었었나이다 보소서 당신의 것을 가지셨나이다

[26] 그 주인이 대답하여 이르되 악하고 게으른 종아 나는 심지 않은 데서 거두고 헤치지 않은 데서 모으는 줄로 네가 알았느냐

[27] 그러면 네가 마땅히 내 돈을 취리하는 자들에게나 맡겼다가 내가 돌아와서 내 원금과 이자를 받게 하였을 것이니라 하고

[28] 그에게서 그 한 달란트를 빼앗아 열 달란트 가진 자에게 주라

[29] 무릇 있는 자는 받아 풍족하게 되고 없는 자는 그 있는 것까지 빼앗기리라

[30] 이 무익한 종을 바깥 어두운 데로 내쫓으라 거기서 슬피 울며 이를 갈리라 하니라"

8) 이웃을 사랑해야 한다

(롬 13:9) "간음하지 말라, 살인하지 말라, 도둑질하지 말라, 탐내지 말라 한 것과 그 외에 다른 계명이 있을지라도 네 이웃을 네 자신과 같이 사랑하라 하신 그 말씀 가운데 다 들었느니라"

양의 무리와 같이 실천해야 믿음을 인정받고 구원받는다고 예수님께서 교훈하신다.

(마 25:31-46) "[31] 인자가 자기 영광으로 모든 천사와 함께 올 때에 자기 영광의 보좌에 앉으리니

[32] 모든 민족을 그 앞에 모으고 각각 구분하기를 목자가 양과 염소를 구분하는 것 같이 하여

[33] 양은 그 오른편에 염소는 왼편에 두리라

[34] 그 때에 임금이 그 오른편에 있는 자들에게 이르시되 내 아버지께 복 받을 자들이여 나아와 창세로부터 너희를 위하여 예비된 나라를 상속받으라

[35] 내가 주릴 때에 너희가 먹을 것을 주었고 목마를 때에 마시게 하였고 나그네 되었을 때에 영접하였고

[36] 헐벗었을 때에 옷을 입혔고 병들었을 때에 돌보았고 옥에 갇혔을 때에 와서 보았느니라

[37] 이에 의인들이 대답하여 이르되 주여 우리가 어느 때에 주께서 주리신 것을 보고 음식을 대접하였으며 목마르신 것을 보고 마시게 하였나이까

[38] 어느 때에 나그네 되신 것을 보고 영접하였으며 헐벗으신 것을 보고 옷 입혔나이까

[39] 어느 때에 병드신 것이나 옥에 갇히신 것을 보고 가서 뵈었나이까 하리니

[40] 임금이 대답하여 이르시되 내가 진실로 너희에게 이르노니 너희가 여기 내 형제 중에 지극히 작은 자 하나에게 한 것이 곧 내게 한 것이니라 하시고

[41] 또 왼편에 있는 자들에게 이르시되 저주를 받은 자들아 나를 떠나 마귀와 그 사자들을 위하여 예비된 영원한 불에 들어가라

[42] 내가 주릴 때에 너희가 먹을 것을 주지 아니하였고 목마를 때에 마시게 하지 아니하였고

[43] 나그네 되었을 때에 영접하지 아니하였고 헐벗었을 때에 옷 입히지 아니하였고 병들었을 때와 옥에 갇혔을 때에 돌보지 아니하였느니라 하시니

[44] 그들도 대답하여 이르되 주여 우리가 어느 때에 주께서 주리신 것이나 목마르신 것이나 나그네 되신 것이나 헐벗으신 것이나 병드신 것이나 옥에 갇히신 것을 보고 공양하지 아니하더이까

[45] 이에 임금이 대답하여 이르시되 내가 진실로 너희에게 이르노니 이 지극히 작은 자 하나에게 하지 아니한 것이 곧 내게 하지 아니한 것이니라 하시리니

[46] 그들은 영벌에, 의인들은 영생에 들어가리라 하시니라"

9) 책망받는 일과 악을 버려야 한다

위와 같은 말씀을 깨닫지 못하면 하나님의 진노를 받아야 한다. 요한계시록에 일곱교회 중 두 교회는 칭찬받고, 다섯 교회는 책망받았다. 책망받는 행위를 고치고 신앙생활해야 하나님께 믿음을 인정받고 구원받는다.

(계 2:5) "그러므로 어디서 떨어졌는지를 생각하고 회개하여 처음 행위를 가지라 만일 그리하지 아니하고 회개하지 아니하면 내가 네게 가서 네 촛대를 그 자리에서 옮기리라"

(계 2:16) "그러므로 회개하라 그리하지 아니하면 내가 네게 속히 가서 내 입의 검으로 그들과 싸우리라"

(계 2:21) "또 내가 그에게 회개할 기회를 주었으되 자기의 음행을 회개하고자 하지 아니하는도다"

(계 2:22) "볼지어다 내가 그를 침상에 던질 터이요 또 그와 더불어 간음하는 자들도 만일 그의 행위를 회개하지 아니하면 큰 환난 가운데에 던지고"

(계 3:3) "그러므로 네가 어떻게 받았으며 어떻게 들었는지 생각하고 지켜 회개하라 만일 일깨지.잘 아니하면 내가 도둑 같이 이르리니 어느 때에 네게 이를는지 네가 알지 못하리라"

(계 3:19) "무릇 내가 사랑하는 자를 책망하여 징계하노니 그러므로 네가 열심을 내라 회개하라"

『구원의 은혜』

만약 위와 같은 말씀대로 살지 못했으나 구원받고 싶다면, 앞에서 설명한 2) '회개한다'는 말씀을 참고하라.

구원은 하나님의 은혜로 받는다. 이것은 불변의 법칙이다.

하나님께 충성하였을지라도 죄를 짓고 산다. 그 죄를 회개할 때마다 그 믿음을 보시고 하나님이 용서해 주시기 때문에 구원을 받는다. 그러나 회개할 때 믿음을 보시고 인정이 안 되면 용서해 주시지 않는다. 용서를 받는 사람은 하나님의 은혜를 받은 것이다. 죄로 벌 받아야 할 사람을 벌하지 않고 사용해 주시는 것을 하나님께 감사하고 영광을 돌려야 하며 죽도록 충성해야 한다.

"십자가의 길은 사람을 살리는 길입니다."

기초반 양육교제

예수그리스도께서 가르쳐주신 **기도와 능력** 값 10,000원

주기도문을 단순히 암송하며 기도하는 것을 넘어 그 의미를 바로 알고 삶에 적용하여 기도하는 법을 배웁니다. 예수님이 가르쳐 주신 대로 기도하면 절대로 잘못된 기도는 하지 않게 됩니다. 또 놀라운 영적 경험을 하게 될 것입니다. 자신이 변화하는 것을 느끼게 되며, 치유의 역사가 일어나는 것을 느낄 것입니다.

기도학교 값 3,500원

인간이 고통을 당하는 이유를 성경을 통해 명확하게 알려주며 자신의 모습을 돌아보게 합니다.

초급반 양육교제

인간의 삶 (개정판) 값 5,000원

인간이 고통을 당하는 이유를 성경을 통해 명확하게 알려주며 자신의 모습을 돌아보게 합니다.

새로운 삶 (개정판) 값 5,000원

우리의 주인이 나에서 하나님으로 바뀌었다는 것과 새로운 삶은 자유하는 삶임을 배웁니다. 하나님을 알고 살아가는 삶이 새로운 삶임을 깨닫습니다.

제자의 삶 (개정판) 값 5,000원

예수님의 진정한 제자는 어떻게 살아야 하는가를 성경적으로 권면합니다. 그리스도의 제자로서 버려야 할 것과 취해야 할 것을 배우고 실천하면서 리더가 됩니다.

축복의 삶 (개정판) 값 5,000원

하나님의 자녀로서 축복받는 삶이 무엇인가를 배우며 기쁨과 감사함으로 살아가게 합니다.

새가족학교 값 5,000원

교회에 나오는 새가족들이 궁금해하는 모든 내용들을 정리하여 그들의 궁금증을 해결해 주어 정착하도록 돕습니다. 기독교의 기본 교리를 전달합니다.

전인치유학교 (성도용) 값 9,000원

어떻게 하면 하나님이 사람을 치료하는 것을 찾아볼까 하는 고민 중에 본 치유 프로그램이 만들어졌습니다. 인본적인 치유가 아니라 성경적인 치유를 전제로 만든 프로그램입니다. 영혼이 죄, 마음의 상처, 육체의 질병이 치료되면서 변화를 받게 됩니다.

목자예비학교 값 4,500원

교회의 영적 장교인 리더가 되는 훈련을 합니다. 평신도 리더로서 사역할 수 있도록 모든 소그룹 인도 방법을 자세하게 가르쳐 줍니다.

전도학교 (예수전도법) 값 7,000원

예수전도법을 통하여 불신자를 전도하는 모든 방법을 가르쳐 전도는 누구나 할 수 있다는 자신감을 갖게 합니다.

교회생활 값 5,000원

교회생활 속에서 잘못하는 것들을 찾아 바르게 고쳐 하나님이 원하는 복 받는 사람이 됩니다.

목자학교 값 7,000원

하나님은 목자가 많이 세워지길 바라십니다. 그래서 하나님의 양들을 하나님의 말씀과 진리의 성령으로 인도하기를 원하십니다.

가정생활 값 5,000원

이제는 교회가 가정문제를 해결해야 합니다. 하나님의 말씀으로 교양과 인격, 가족의 구성원으로서의 책임과 의무를 배웁니다.

전인성품치유학교 값 7,000원

사람이 살아가면서 많이 부딪치는 중요한 문제들을 치유하는 내용을 다루었습니다.

헌신생활 값 5,000원

자신이 몸을 바쳐 갚아도 부족한 죄인이라는 것을 알게 되었기에 살아 있는 동안 최선을 다해 헌신합니다.

지도자훈련학교 값 5,000원

쉽게 교회에서 적용할 수 있는 훈련프로그램을 통하여 성도들이 복음을 전파하고 다른 성도를 양육하는 리더가 되게 합니다.

복된생활 값 5,000원

복 받을 일을 하고도 복을 받지 못하는 이유를 배워 저주받는 일을 버리고 복 받을 일만 하여 하나님께 복 받는 성도가 됩니다.

50일 소원기도모임 값 5,000원

소원을 놓고 주기도문 순서에 맞춰 50일 동안 함께 기도하여 응답받습니다.

교회학교 양육교제

새가족학교 (교회학교)
값 4,500원

인간의 삶 (교회학교)
값 3,500원

새로운 삶 (교회학교)
값 3,500원

제자의 삶 (교회학교)
값 3,500원

축복의 삶 (교회학교)
값 3,500원

"십자가의 길은 사람을 살리는 길입니다."

단행본

당신은 구원받았습니까?　값 10,000원

완벽한 구원론은 성경 안에 있다. 구약과 신약이 동일한 구원론을 말씀하고 있다. 하나님은 변함이 없으신 분이다.

당신은 성령받았습니까? 악령받았습니까?　값 15,000원

성령을 받으면 하나님께 인정도 받는 것이고, 영생을 얻어 천국에도 들어가게 된다. 그리고 성령이 충만하게 되면 마귀와 귀신의 방해도 쉽게 이긴다. 그리고 자신의 인생이 좋은 방향으로 바뀐다.

요한계시록　값 15,000원

요한계시록을 쉽게 이해하라고 쓴 것입니다. 예수님의 재림을 인지하여 준비하라고 쓴 것입니다. 들림받지 못하는 성도들을 위해 대환란에서도 깨닫고 구원받는 길을 알려 주려고 쓴 것입니다. 이 단들이 예수 그리스도의 재림과 심판을 악용하는 데에 속지 말라고 씁니다. 요한계시록을 잘못 해석하는 곳이 많아 바르게 분별하라고 쓴 것입니다.

세계교회는 십자가의 길로 간다　값 8,000원

십자가의 길은 독자들에게 비전과 소망을 줄 것입니다. 목회의 목마름을 해갈해 줄 것입니다. 아울러 본 저서는 목회를 잘 해 보고자 하는 열심히 있는 목회자들과 목회에 지친 분들에게 새 힘을 불어넣는 좋은 책이 될 것입니다.

생명을 얻는 길(상)　값 15,000원

태신자의 눈높이에 맞춘 맞춤식 양육 교재입니다. 철저히 태신자의 입장에서 그들의 문제를 해결하고 있는 것이 본서의 특징입니다. 또한 기존 성도들도 태신자를 양육하면서 은혜 받고 하나님이 원하시는 신앙으로 바뀌게 됩니다.
'생명을 얻는 길'은 미니 전도지와 함께 사용하면 양육 효과가 더욱 크게 나타납니다.

폭발적 목장영적추수행사　값 3,500원

목장영적추수행사는 좀 더 체계적으로 훈련하여 성도의 생각을 바꾸고 생활 속에서 신앙적으로 전도 활동과 목장 집회를 갖도록 하는 획기적인 책입니다.
이 책이 제시하는 대로 시행한다면 누구든지 전도를 할 수 있으며 목장도 활성화되는결과를 얻게 될 것입니다.

영혼의 찬양　값 5,500원

십자가선교센터에서 선정한 200곡의 주옥같은 찬양을 수록하였습니다.

너희는 이렇게 기도하라　값 7,000원

하루를 여는 새벽시간에 개인적으로 읽고 묵상하며 경건의 시간을 갖도록 되어 있습니다. 교회에서 21일 특별 새벽기도회 기간에 활용하시면 큰 은혜의 시간이 될 것입니다.

교회건강검진　값 10,000원

건강한 교회와 성장하는 교회는 다른 시각으로 보아야 합니다. 건강하지 못해도 성장하는 교회가 있습니다. 이런 교회는 바람직하지 못합니다. 교회는 하나님 보시기에 건강해야 하고 또 성장해야 합니다. 그러기 위해서 검사 방법이 정확해야 합니다. 여기에 그 방법을 소개합니다.

목회자가반드시알아야할36가지(상)(하)　각 값 13,000

목회를 하면서 많은 시행착오를 겪었습니다. 누군가 코치를 해 주는 사람이 있었으면 좋았을 텐데 불행히도 없었습니다. 문제가 생길 때마다 좌절도 하고 낙심도 하였지만 다행히 하나님께서해결해 주셔서 어려운 목회 문제를 풀 수 있었습니다. 그리고 많은 은혜를 주셨습니다. 이 책이 나와 같은 목회자들에게 도움이 되었으면 좋겠습니다.

유아세례 학습서　값 8,000원

아이들에게 있어 부모의 신앙은 매우 중요합니다. 그 이유는 아이들이 부모의 신앙을 그대로 배우기 때문입니다. 그러므로 유아 세례를 줄 때 부모를 함께 철저하게 교육시킬필요가 있습니다.

52주 목장집회(1,2)　각 값 15,000

예배는 구원 받은 사람들이 하나님을 경외하는 것입니다. 집회는 사람들이 모여서 하나님의 은혜 받기를 사모하는 것입니다. 예배와 집회는 전혀 다른 성격을 띠고 있습니다. 목장집회는 하나님의 은혜를 받기 위한 특별한 모임입니다. 목장 집회의 중요한 리더 만들기와 기도 셀, 사랑의 실천, 불신자를 위한 모임 등을 실천하도록 하였습니다.

"신앙속에서 인성을 교육하다."

탈무드와 명심보감의 장점을 모아 우리가 살아가는데 꼭 필요한 인성을 기르기 위해 알아야 할 내용을
오래 기억에 남는 방법을 사용하여 개인뿐만 아니라 가족 모두가 함께 변화할 수 있도록 돕습니다.

교인보감 1
(유년부)

값 10,000원

교인보감 2
(유년부)

값 10,000원

교인보감 3
(유년부)

값 10,000원

교인보감 1
(초등부)

값 10,000원

교인보감 2
(초등부)

값 10,000원

교인보감 3
(초등부)

값 10,000원

교인보감 1
(중등부)

값 10,000원

교인보감 2
(중등부)

값 10,000원

교인보감 3
(중등부)

값 10,000원

교인보감 1
(고등부)

값 10,000원

교인보감 2
(고등부)

값 10,000원

교인보감 3
(고등부)

값 10,000원

교인보감 1
(대학청년부)

값 10,000원

교인보감 2
(대학청년부)

값 10,000원

교인보감 3
(대학청년부)

값 10,000원

교인보감 1
(장년부)

값 12,000원

교인보감 2
(장년부)

값 12,000원

교인보감 3
(장년부)

값 12,000원

"너희는 이렇게 기도하라."

기도훈련집

예수님이 '너희는 이렇게 기도하라'고 가르쳐 주신 기도문은 암송만 하라고 주신 것이 아니라,
뜻을 깨닫고 기도하라고 주신 것입니다. 예수님이 가르쳐 주신대로 기도하면
영혼이 살아나고, 평안이 있고, 힘과 능력이 나타납니다. 그리고 많은 응답을 받고 치유와 기적이 나타납니다.

기도훈련집 (스프링)
값 9,000원

기도훈련집 (포켓용)
값 4,000원

Training Book for Powerful Prayer
(영문판)(스프링) 값 15,000원

기도훈련집 (노년부)(스프링)
값 9,000원

기도훈련집 (유치, 유년부)
값 9,000원

기도훈련집 (초등부)
값 7,000원

기도훈련집 (청소년)
값 8,000원

맞춤전도지

❶ 복된 소식
값 300원

❷ 5분 복음제시
값 300원

❸ 인생을 아십니까?
값 300원

❹ 도를 아십니까?
값 300원

❺ 사람은 왜 고난이 많습니까?
값 300원

❻ 질병이 치료됩니다
값 300원

❼ 자신의 미래를 아십니까?
값 300원

❽ 인생문제 해결을 원하십니까?
값 300원

❾ 교회를 쉬고 계십니까?
값 300원

❿ 어떤 종교를 가지고 계십니까?
값 300원

홈페이지 http://www.52ch.kr   02)2617-2044   010-5950-4109